Kalorien-Sparbuch

Über 100 Rezepte
für ein ausgeglichenes Pfundekonto

Text: Doris Muliar
Fotos: Margarete Janssen

300 Kalorien ... 50

400 Kalorien ... 90

Kalorien-Spar-Wochenplan ... 122

Register ... 124

Impressum ... 128

Titelbild
Das auf dem Umschlag abgebildete »Rinderfilet mit Zucchini und Paprikastreifen« finden Sie auf Seite 107.

Woher kommen Kalorien?

Ist Kaloriensparen – nach »Low Fat« und »Low Carb« jetzt ein neuer Trend? Nein, gewiss nicht. Nur eine Rückbesinnung auf eine ganz logische Erkenntnis: Wer mehr Kalorien zu sich nimmt, als er verbraucht, nimmt zu, wer Kalorien einspart, nimmt ab. So einfach ist das. Damit es für Sie noch einfacher wird, haben wir wie in einem Baukasten 200-, 300- und 400-Kalorien-Gerichte entwickelt.

Kalorien verstecken sich in Fett, Kohlenhydraten und Eiweiß. Doch schlagen Kalorien aus Fett am meisten zu Buche: Ein Gramm Fett hat 9 kcal. Egal, ob Butter, Schweineschmalz oder pflanzliches Öl: Für Ihre Kalorienbilanz gilt es Fett sparsam zu verwenden. Für Ihre Gesundheit spielt aber die Qualität der Fette eine Rolle: Als »Schmiermittel« für unsere Zellen müssen wir auch Fettes essen. Nur eben nicht zu viel und vor allem nicht zu viel tierischen Ursprungs. 60 bis 80 g Fett pro Tag wären ideal, am besten gesunde Fette z. B. aus Oliven- oder Rapsöl.

Besser sieht es bei Kohlenhydraten aus: Ein Gramm hat nur 4 kcal. Das heißt aber nicht, dass Sie große Mengen davon essen sollen. Unser Wunderkörper kann zu viele Kohlenhydrate – das heißt die, die nicht zum Beispiel durch Sport verbrannt werden – flugs in Speicherfett umwandeln. Und schon landen auch diese Kalorien wieder auf den Hüften.

Außerdem gibt es verschiedene Arten von Kohlenhydraten: Raffinierter Zucker hat nichts mit raffinierter Küche zu tun! Das Wort kommt von Raffinerie und lässt schon nichts Gutes ahnen. Diese Kohlenhydrate sind industriell bearbeitet, »gereinigt« von allem, das nach Lebensmittel schmeckt. Sie sind kalorienreich und bringen nichts an Vitalstoffen. Völlig unnatürlich! Oder kennen Sie einen Strauch mit Zuckerwürfeln oder einen Fruchtgummibaum? Das gilt auch für die meisten Fruchtsäfte: Flüssiges Obst? Von wegen! Schauen Sie mal auf die Etiketten: Kohlenhydrate aus Zucker stehen meist an erster Stelle. Kalorienreduzierte Säfte arbeiten mit Zuckerersatzstoffen – was die Sache auch nicht besser macht. Gewöhnen Sie sich's ab! Mineralwasser und Früchtetees löschen den Durst viel besser. Und wenn es Sie zur Saftbar zieht: Frisch gepresst und in kleinen Mengen sind solche Säfte ein Genuss!

Bevorzugen Sie außerdem komplexe, natürliche Kohlenhydrate, die langsam im Darm aufgespalten werden. Sie regen mit ihren Vital- und Ballaststoffen den Stoffwechsel und damit auch die Fettverbrennung an. Schlemmen Sie aus dem Naturgarten: Gemüse, Obst, Vollkornprodukte, unpolierten Reis und Hülsenfrüchte.

Hülsenfrüchte sind tatsächlich kleine Powerpakete. Sie enthalten ganz automatisch die richtige Mischung: hochwertige Kohlenhydrate, lebensnotwendiges Eiweiß und »gute« Fettsäuren. Auch wenn Sie aus der Dose kommen. Für die schnelle Küche: gelbe oder rote Linsen sind im Handumdrehen zubereitet.

Die richtigen (komplexen) Kohlenhydrate kombiniert mit etwas Eiweiß locken die Neurotransmitter Dopamin und Norepinephrin – das ist der Stoff, aus dem die gute Laune ist.

Hingegen sorgen industrielle Kohlenhydrate schnell für eine Unterzuckerung – Sie sind schlecht gelaunt und müde. Der Griff zum Schokoriegel ist vorprogrammiert. Schlechtes Gewissen inklusive.

Auch Proteine (Eiweiß) sind mit 4 kcal pro Gramm keine Dickmacher. Also, ran an die Fleischtöpfe: Die in Fleisch enthaltenen Aminosäuren sind zum Teil lebensnotwendig! Tierisches Eiweiß kann vom Körper besser verwertet werden als pflanzliches. Außerdem macht es lange satt und hilft beim Muskelaufbau: Je mehr Muskulatur desto höher ist Ihr Kalorienverbrauch – auch im Ruhezustand! Das ist clever und sieht auch noch gut aus!

seca
60
50
40
30
20
10
0
150
100
110
120
130
140

Wohin gehen Kalorien?

Wie wir Kalorien zu uns nehmen wissen wir schon lange. Durch Kohlenhydrate, Eiweiß und Fett, ganz einfach durch alles, was uns gut schmeckt! Nur wie viele Kalorien benötigt unser Körper und wie kann man ein Zuviel vermeiden?

Zum einen verbraucht der Körper den »Grundumsatz«, die Kalorien, die Sie schon im Ruhezustand benötigen, um Ihre Organe in Betrieb zu halten. Er hängt ab von Alter, Geschlecht, Größe und Gewicht. Als Faustregel gilt:
Grundumsatz = Gewicht/kg x 24 Stunden. Bei 70 kg sind das 1680 kcal. pro Tag. Wenn Sie abnehmen wollen, berechnen Sie die Formel aber mit Ihrem Zielgewicht.
Dazu kommt der »Arbeitsumsatz«. Diese Kalorienzahl hängt ab von Ihrem Trainingszustand und Ihren zusätzlichen Aktivitäten. Wenn Sie Ihren Kalorienverbrauch zum Beispiel durch etwas Sport erhöhen – also mehr Kalorien verbrauchen, als Sie zu sich nehmen, geht es bergab mit den Pfunden.
Leider geht die Rechnung nicht ganz auf: Kalorienzufuhr drastisch reduziert, Kalorienverbrauch schweißtreibend erhöht – Pfunde erst mal weg. Aber dann schwingt sich die Waagenskala wieder in nie da gewesene Höhen! Der Grund: Wenn Ihr Körper viel zu wenig Kalorien bekommt, schaltet er auf Sparflamme. Und diesen Modus behält er noch lange bei – Sie könnten ihm ja wieder eine Hungertour zumuten. Versuchen Sie ein Zuviel an Kalorien einzusparen.

- Beim sichtbaren Fett ist das am einfachsten: von Schinken oder Koteletts den Fettrand abschneiden. Beim Geflügel sitzt das meiste Fett unter der Haut – nehmen Sie Brustfilet.
- Für Salate genügt auch 1 EL – bestes Olivenöl.
- Verstecktes Fett ist tückischer: Sie sehen es nicht, meist schmeckt man es auch nicht direkt. Trotzdem hopst es auf Ihre Problemzonen und – schlimmer noch – verstopft langfristig Ihre Arterien. Undercover-Fett steckt meist in Wurst, Käse und Fertiggerichten. Eine Kugel Mozzarella zum Beispiel hat 87,5 g Fett (319 kcal). Oder 1 Scheibe Fleischkäse: 124,5 g Fett (446 kcal). Und beides schmeckt doch eigentlich nicht fett – oder? Sie können schon beim Einkauf darauf achten solche unnötigen Fette zu vermeiden: Auf den Lebensmittelpackungen ist jeweils der Fettgehalt pro 100 g angeführt.
- ... bitte mit Sahne! Klar macht Sahne oder Creme fraîche in einer Sauce mächtig was her. Aber nicht nur im Geschmack, auch in der Kalorienbilanz! Saure Sahne (10 % Fett) oder Kaffeesahne (12 % Fett) sind ein guter Ersatz und machen Ihre Gerichte leichter und bekömmlicher.
- Zum Überbacken von Gemüse oder Gratins braucht man natürlich Käse. Ob Sie dafür Parmesan (37 % Fett i. Tr.) oder Grana Padano (32 % Fett i. Tr.) verwenden, ist bei kleinen Mengen nicht so wichtig. Einen großen Unterschied aber macht es, wie Sie den Käse raspeln. Feinst geraspelt ergeben 25 g ein viel größeres Volumen.
- Eben mal einen Schuss Öl aus der Flasche in die Bratpfanne: Damit ist jetzt Schluss! Zum Anbraten von zwei Schnitzeln genügt maximal ein flacher Esslöffel Öl.
- Keine Frage: Natürlich sollen Sie Obst essen! Aber nicht gleich ein Pfund Äpfel oder ein Kilo Weintrauben, weil Obst ja wohl nicht dick macht. Vorsicht! Märchen! Der reine Fruchtzucker schmiegt sich dann doch wieder an Po-Beine-Hüften. Kombinieren Sie Obst mit sauren Milchprodukten: Buttermilch, Sauermilch, Kefir oder Joghurt – das bremst den Fruchtzucker.
- Schleckermäulchen nehmen statt weißem Zucker Vollrohrzucker, Honig oder Fruchtsirup zum Süßen. Sind Sie damit auf der sicheren Kalorienspar-Seite? Ein bisschen vielleicht – auf jeden Fall stecken in Honig & Co. Mineralstoffe und Spurenelemente. Aber auch sie enthalten einfache Zucker, die sofort ins Blut schießen, also bitte nur sparsam verwenden. Und jetzt: Schlemmen Sie sich mit unseren Tipps und Tricks bewusst schlank!

1. Speck weg

Um 1 kg »Speck« zu verlieren, müssen Sie 7000 kcal verbrauchen. Sie könnten sie einsparen, indem Sie 1 Woche lang täglich 1000 kcal unter Ihrem Bedarf essen. Wetten dass dieses Kilo in 2 Wochen wieder da ist? Gehen Sie's langsam an: Verbrennen Sie besser 3500 kcal pro Woche zusätzlich (s. S. 12) und geben Ihrem Körper, wenn Sie abnehmen wollen, 1500–1800 kcal täglich.

2. Stress macht dick

Warum muss bei Stress ein Schokoriegel her? Stress ist ein Gefahrensignal für den Körper, und dem will er mit einer Extra-Portion Kohlenhydrate begegnen. Früher fand der Jäger Beeren oder Früchte, mit denen er sich fit für den Kampf machte – heute ist ritz-ratz eine Packung aufgerissen. Planen Sie Ihren Tag, entspannen Sie sich öfter – und die Essanfälle bleiben aus.

3. Genießen

Paradox? Essen Sie, um abzunehmen! Genießen Sie Schlankmacher aus der Natur: Viel Gemüse, zubereitet mit Oliven- oder Rapsöl, mageres Fleisch (möglichst aus artgerechter Haltung), Fisch (darf auch fett sein), Nüsse & Samen – dann muss Ihr Körper nicht auf Sparflamme schalten und Bauchspeck bunkern. Ihr Körper lässt Überflüssiges nur los, wenn er bekommt, was er braucht.

4. Mit Geschmack

Keine Zeit zum Kochen? Dann lesen Sie unsere Rezepte: Vieles geht schneller als Tütensuppen. Gehen Sie's lustvoll an: einkaufen (Markt!), kochen (mit Partner, Freunden), frisch genießen. Frische Lebensmittel sind sinnlich: pralle Tomaten, leuchtend gelbe Paprikaschoten, tief glänzende Auberginen ...

5. Mit Mathe?

Sie müssen nicht jede Kalorie zählen. Mit unseren »Bausteinen« zu 200, 300 und 400 kcal kombinieren Sie sich durch den Tag. Aber üben Sie ruhig mit einer Kalorientabelle Ihr Gespür dafür, was wie viele Kalorien hat. Und wenn's mal ein Festmahl gibt: Langen Sie zu. Am nächsten Tag sparen Sie's wieder ein: Der Saldo zählt.

6. Muckis her

Sie wissen es ja: Mehr Bewegung muss her. Sport aktiviert die Muskeln, verbraucht Kalorien, steigert den Grundumsatz. Diese Rechnung lässt Sie sicher gleich aus dem Sessel springen. Wenn Sie's alleine nicht schaffen: Leute suchen, die mitmachen. Und: Wählen Sie einen Sport, der Ihnen wirklich Spaß macht – das motiviert.

7. Ziele setzen

Zehn Kilo in einem Monat? Ist machbar, aber Unsinn, wenn sie dauerhaft verschwinden sollen. Ein Kilo pro Woche, besser nur ein dreiviertel Kilo – das dauert etwas länger, aber dafür klappt es. Für Ihre üppigen Formen haben Sie ja auch lange gebraucht. Eine Radikalkur führt nur zum »Jojo-Effekt«. Führen Sie Tagebuch über Essen und Gewicht – das motiviert!

8. Nix geht mehr?

Zwei, drei Kilo sind nach einem Monat schon weg! Freude! Und plötzlich: Rien ne va plus! Aber keine Sorge – weitermachen! Ihr Körper »denkt nach«, sortiert das Nahrungsangebot der letzten Zeit, überlegt, ob er glauben soll, dass er weiter gut versorgt wird. Ist die Antwort »ja«, kann er wieder loslassen und Pfund für Pfund im Fettschmelztiegel versenken.

9. Wie viel?

1 x täglich wiegen? Einmal die Woche reicht auch. Gut ist eine Fettwaage, die mit Hilfe der Bio-Impedanz-Analyse neben Fett auch den Wasser- und Muskelanteil misst. Wetter- und zyklusbedingt kann Ihr Wasseranteil (sind auch Kilos) höher sein – oder Sie haben viel Sport getrieben und ein paar Muskeln mehr – die sind schwerer als Fett, sehen aber besser aus.

100 kcal sind enthalten in …

1. Peanuts

Eben mal eine Hand voll Nüsse, ein Tütchen Gummibärchen oder etwas Honig ins Müsli – schon sind 100 kcal vernascht. Sparsam, sehr sparsam verwenden!

15 g Pinienkerne
17 g Erdnüsse geröstet
19 g Vollmilchschokolade
30 g Honig
32 g Gummibärchen (20 St.)
35 g Rosinen

2. Schluckspecht

Für 100 kcal gibt's mehr leichtes Bier als Weißwein. Auch Säfte – mal eben weggezischt haben's in sich. Besser ungesüßten Tee oder Mineralwasser: Null Kalorien.

140 g Rotwein, trocken
143 g Weißwein, trocken
145 g Bier (8 %)
174 g Apfelsaft
230 g Orangensaft
238 g Bier (5 %)

3. Fleischeslust

Was nicht fett ist, bringt auch wenig Kalorien. Schweinefilet schlägt – knapp zwar, aber immerhin – Putenbrust. Ein kleines 100-kcal-Kotelett darf aber höchstens 67 g auf die Waage bringen.

67 g Schweinekotelett
83 g Rinderfilet
90 g Lammfilet
95 g Putenbrust
96 g Schweinefilet

4. Bock auf Wurst?

Mal kräftig in eine Bockwurst beißen: 100 kcal. Bei Salami kriegen Sie wenigstens sieben hauchdünne Scheiben. Von magerem Schinken und Geflügelwurst darf's etwas mehr sein.

27 g Salami
29 g Mortadella
31 g Leberwurst
36 g Bockwurst
86 g Lachsschinken
93 g Geflügelwurst

5. Fangfrisch

Kabeljau können Sie drei Mal so viel essen wie Tunfisch! Nicht jeder Fisch ist fett- und kalorienarm. Ab und zu sollten aber trotzdem fettere Fische auf den Tisch: Wegen der wertvollen Omega-3-Fettsäuren.

45 g Tunfisch
50 g Lachs
55 g Makrele
105 g Heilbutt
150 g Kabeljau

6. Muuuhhhh!

Vorsicht bei Käse! Schon kleine Mengen haben oft 100 kcal. Besser Frischkäse oder Magerquark mit Kräutern und Gewürzen selber anrühren.

27 g Parmesan
32 g Schlagsahne
53 g Romadur (20 % Fett i. Tr.)
75 g Frischkäse
140 g Magerquark
230 g fettarmer Joghurt
285 g Buttermilch

7. Grünzeug

Mais oder Kartoffeln ergeben schon in kleinen Portionen 100 kcal. Alles andere Gemüse ist kalorienarm und steckt voller Vitamine und Ballaststoffe.

90 g Zuckermais in Dosen
143 g Kartoffel
310 g grüne Bohnen, roh
400 g Möhren
590 g Tomaten
660 g Staudensellerie
850 g Salatgurke

8. Krümelig

Eine Scheibe dunkles Brot oder drei Scheiben Knäckebrot: 100 kcal. Kekse oder Salzstangen bitte nur feiertags essen!

23 g Müslikeks
24 g Butterkeks
28 g Haferflocken/Cornflakes
29 g Salzstangen/Salzbrezeln
31 g Knäckebrot
37 g Weizenbrötchen (Semmel)
45 g Roggenbrot
54 g Pumpernickel

9. Fruchtig

Obst enthält zwar viel Fruchtzucker. Trotzdem gibt's für 100 kcal große Portionen. Von Trockenfrüchten nur wenig naschen.

45 g getrocknete Pflaumen
105 g Banane
185 g Apfel ungeschält
185 g Honigmelone
235 g Aprikosen
270 g Wassermelone
315 g Erdbeeren

1
2
3
4
5
6
7
8
9

1. Mühelos

Ihr Körper verbraucht immer Kalorien – auch wenn Sie gar nichts tun. Sehr wenige zwar, aber immerhin. 100 kcal sind weg, wenn Sie 2 Std. auf der Couch liegen, 68 Min. einfach rumsitzen und lesen oder fernsehen, 62 Min. am Schreibtisch im Büro sind oder 57 Min. Auto fahren. Kein Freibrief also, sich eine Tafel Schokolade (550 kcal!!!!) reinzuziehen.

2. Hausarbeit

Schweißtreibend geputzt, alles auf Hochglanz gewienert, auch noch die Wäsche gebügelt und das Essen gekocht: Da müssen die Kalorien doch nur so verdampft sein. Denkste! Gerade mal 100 kcal kostet es, wenn Sie 22 Min. putzen, 43 Min. bügeln oder 37 Min. in der Küche werkeln. Jetzt werden Ihnen unsere kalorienarmen Rezepte noch besser munden.

3. Alltagstauglich

Manche Aktionen fordern etwas mehr Kalorien. Mittelschwere Einkaufstasche tragen: 100 kcal in 14 Min. Oder 25 Min. Gartenarbeit ohne Elektrogeräte: auch 100 kcal. Olle Kamellen, werden Sie sagen. Treppensteigen statt Lift fahren: 12 Min. die Treppen hoch – dafür müssten Sie schon 1 Stunde Lift fahren um genau gleich viele Kalorien zu verbrennen.

4. Freizeit aktiv

Extragroße Portion für tüchtige Heimwerker? Nach 2 Std. sägen und hobeln gibt's was mit 400 kcal. Nicht mehr! 35 Min. am Klavier – ma presto – und Sie dürfen 20 Gummibärchen naschen. Die dürfen Holzhacker schon nach 9 Min. einwerfen. Um mehr zu verbrennen, sollten Sie auch im Bett einheizen: Sex passiv: 100 kcal in 39 Min.; aktiv: schon in 18 Min.

5. Sport flüssig

Ab ins Wasser! 11 Min. gemütlich oder 9 Min. rasant schwimmen: 100 kcal versenkt. Legen Sie sich in die Riemen: Ruderer verbrauchen 100 kcal in 10 Min. Ahoi: Wenn Sie nicht gerade Regatten segeln, müssen Sie schon 28 Min. am Ruder sein, um sich 100 kcal aus der Kombüse zu gönnen. Leichte Gymnastik bringt auch keinen höheren Verbrauch.

6. Zur Sache!

Bergsteiger, Inliner und Kanuten erreichen das 100-kcal-Ziel schon in 12 Min., Mountainbiker und Skilangläufer in 9. Im Squash-Court müssen Sie nur 7 Min. den Ball jagen, um eine 100-kcal-Belohnung zu verdienen. Beim Fitnesstraining (aber ernsthaft, ohne Schwätzchen) können Sie nach 8 Min. anfangen über einen 100-kcal-Happen nachzudenken.

7. An die Bälle!

Fußballer jagen das Leder 11 Min., Handballer 10 Min., bis sie sich einen kräftigen Bissen Bockwurst (36 g) gönnen können. Dafür muss der Tennisspieler schon 13 Min. kämpfen, der Badmintonspieler 14 und der Volleyballer gar 25 Min. Mit Pingpong schaffen Sie es schon in 21 Min. Die ruhige Billardkugel schieben Sie 33 Min. für eine Kinderhand voll Peanuts.

8. Auf die Beine

Stramm walken: in 13 Min. 20 g Schokolade verdient. Abtanzen in der Disco? 21 Min. für ein halbes Glas Bier. Aerobics verbraucht 100 kcal in 13 Min. Spitzenverbrenner sind Jogger:

- Mäßiger Lauf (1 km/7 Min.): 100 kcal in 10 Min.
- Flotter Lauf (1 km/5 Min.): 100 kcal in 7 Min.
- Sprint (1 km/3,5 Min): 100 kcal in 5 Min.

9. Luxusklasse

Ein Vierer-Flight verlangt vom Golfer 100 kcal in 17 Min., wer sich das Besteck vom Caddy tragen lässt, verbraucht das erst in 24 Min. Beim Galoppieren schwitzt nicht nur das Pferd, auch der Reiter ist mit 100 kcal in 10 Min. dabei. Und wenn Sie am Wiener Opernball den Linkswalzer beherrschen, haben Sie sich nach 12 Min. ein Glas Champagner verdient.

1
2
3
4
5
6
7
8
9

1. Gurken-Mix

Für 1 Portion (89 kcal): **125 g Salatgurke, 200 ml Buttermilch, 1 EL Zitronensaft, Salz, Pfeffer** Die Gurke schälen, längs halbieren, Kerne herauskratzen. Die Gurke in Stücke schneiden und mit der Buttermilch fein pürieren. Mit Zitronensaft, Salz und Pfeffer pikant abschmecken. Nach Belieben mit frischen Thymianblättchen bestreuen.

2. Aprikosendrink

Für 1 Portion (102 kcal): **2 reife Aprikosen (75 g), 150 g fettarmer Joghurt, 75 ml Mineralwasser, 1 EL Zitronensaft, Zimtpulver zum Bestreuen** Die Aprikosen entsteinen und klein schneiden. Mit Joghurt und Mineralwasser fein pürieren und mit dem Zitronensaft abschmecken. In ein hohes Becherglas füllen und mit Zimtpulver bestreuen.

3. Mango-Molke

Für 1 Portion (98 kcal): **1/2 reife Mango (100 g geputzt gewogen), 5 g frischer Ingwer, 150 ml Naturmolke, 1 Prise gemahlener Kardamom** Mango schälen, das Fruchtfleisch vom harten Kern schneiden. Ingwerwurzel schälen, durch eine Knoblauchpresse drücken. Mango und Ingwer mit der Molke fein pürieren und mit dem Kardamom abschmecken.

4. Paprikaschiffe

Für 1 Portion (110 kcal): **1 rote Paprika, 50 g Frischkäse mit Buttermilch, 1 EL Schnittlauchröllchen, Salz, Pfeffer, 1 Spritzer Tabasco** Paprika waschen, putzen und längs halbieren. Die Hälften längs in 4 Schiffchen schneiden. Den Käse gut mit Schnittlauch verrühren, mit den Gewürzen kräftig abschmecken und gleichmäßig auf die Spalten verteilen.

5. Gurkentaler

Für 1 Portion (86 kcal): **1 EL Aceto balsamico, 1/2 TL Kümmel, Salz, Pfeffer, 1 Stück Harzer Käse (50 g), 10 cm Salatgurke, 4 Cocktailtomaten** Essig mit Kümmel, Salz und Pfeffer verrühren. Käse quer in 4 dünne Scheiben schneiden, kurz marinieren. Salatgurke in 4 Scheiben schneiden. Käse auflegen, Cocktailtomaten mit Zahnstochern darauf stecken.

6. Radieschenspieße

Für 1 Portion (89 kcal): **4 Radieschen (80 g), Salz, Pfeffer, 40 g Romadur (20 % Fett i. Tr.), 1 Blatt Eisbergsalat** Radieschen waschen, putzen, halbieren, salzen und pfeffern. Käse in 8 Würfel schneiden. Salat in 4 Streifen schneiden. Auf 4 Zahnstocher abwechselnd Radieschenhälften, Käse und gefaltete Salatstreifen spießen.

7. Pumpernickel-Puten-Snack

Für 1 Portion (119 kcal): **1 EL Aceto balsamico, Salz, Pfeffer, 10 g Rucola, 1 Scheibe Pumpernickel, 1 flacher EL Frischkäse (20 % Fett i. Tr.), 2 Scheiben Putenbrust** Essig salzen und pfeffern. Rucola waschen, abtropfen lassen und kurz marinieren. Brot mit Käse bestreichen, abwechselnd Rucola und Putenbrust, darauf verteilen.

8. Gemüsesticks mit Roggenbrot

Für 1 Portion (143 kcal): **1 EL saure Sahne (15 g), Salz, Pfeffer, 1 Scheibe Roggenbrot, 50 g Möhren, 50 g Kohlrabi** Saure Sahne mit Salz und Pfeffer kräftig würzen, das Brot damit bestreichen. Möhre und Kohlrabistück schälen, putzen und in feine Streifen schneiden. Auf das Brot legen und mit Schnittlauch bestreuen.

9. Knäckebrot mit Roastbeef

Für 1 Portion (87 kcal): **20 g Hüttenkäse, Salz, Pfeffer, 1 TL Meerrettich (aus dem Glas), 1 Scheibe Knäckebrot, 1 Scheibe Roastbeef (25 g), 1 Essiggürkchen** Hüttenkäse mit Salz, Pfeffer und Meerrettich würzen, auf das Knäckebrot streichen. Roastbeef und Gurke kleinschneiden und darauf verteilen.

1
2
3
4
5
6
15
7
8
9

Und das gehört zur Grundausstattung ...

1. Vom Feinsten

- Kaltgepresstes feinstes Olivenöl und Walnussöl für Salate
- Rapsöl zum Braten von Fleisch, Olivenöl für Fisch
- Weißer und dunkler Aceto balsamico für Salate und zum Verfeinern von Suppen und Saucen
- Apfelessig zum Würzen von Eintöpfen

2. Dose & Glas

- Geschälte Tomaten, ganz oder in Stücken, für eine schnelle Sauce
- Rote und weiße Bohnen
- Gekochte Linsen mit Gemüse für ein Blitzgericht
- Tunfisch im eigenen Saft schnell aufs Brot oder über einen Salat
- Meerrettich für pikante Schärfe

3. Aus dem Eis

- Kräuter und Kräutermischungen, z. B. italienische und provenzalische Kräuter, Dill und Basilikum
- Beerenobst und Beerenmix, für Drinks – auch im gefrorenen Zustand verwendbar
- Portionierbarer Blattspinat (taut schneller auf)
- Fischfilets

4. Aus der Backstube

- Vollkornbrot, Roggenbrot – alles Dunkle – am besten scheibenweise einfrieren
- Pumpernickel in Scheiben oder Talern – auch für den Hunger zwischendurch
- Knäckebrot
- Amarettini – wiegen kaum und zaubern Italien auf fruchtige Desserts

5. Hart und trocken

- Spaghetti – am besten aus vollem Korn – bestens für Blitzgerichte
- Reisbandnudeln oder Wok-Nudeln für Asiatisches
- Naturreis, Wildreismischung
- Vollkornmehl (Type 1050 und höher)
- Getrocknete Pilze (mit Einweichwasser verwenden!)

6. Weiße Ware

- Fettarmer Joghurt und Quark für Frühstück und Desserts
- Buttermilch, Kurmolke und Kefir für schnelle Drinks zwischendurch
- Saure Sahne und Frischkäse zum Verfeinern von Saucen
- Parmesan oder Grana Padano zum (Feinst-) Raspeln

7. Naschlust

- Nüsse, zwar kalorienreich und fett (»gute« Fette!), sättigen aber schon nach einer Hand voll
- Ungeschwefelte Trockenfrüchte stillen den Süßhunger; Sie brauchen nur wenige
- Dunkle Schokolade für den Notfall: mindestens 70 % Kakaoanteil, dann ist es nicht ganz so schlimm

8. Besser frisch

- Unbehandelte Zitronen: die fein geraspelte Schale gibt Pfiff, der Saft ist ein Hungerkiller
- Robustes Gemüse: Fenchel, Möhren, Kohlrabi und Staudensellerie, beliebig zu kombinieren
- Ein paar säuerliche Äpfel und Orangen – prima für Desserts, zum Frühstück oder zwischendurch

9. Würzig

- Cayennepfeffer und Sambal oelek zum Einheizen
- Kümmel – schmeckt und fördert die Fettverdauung
- Frischer Ingwer – hält sich in Alufolie und im Kühlschrank mindestens 2 Wochen
- Sojasauce für Asiatisches
- Frisches Grünzeug auf der Fensterbank: Basilikum, Estragon, Thymian – hübsch und raffiniert

1
2
3
4
5
6
7
8
9

200 Kalorien

Frühstück, Snacks & Co. – 200 Kalorien leicht

Hier sind sie, die kleinen Grundbausteine für Ihre kalorienkontrollierte Ernährung. Alles in diesem Kapitel hat nur 180 bis 200 kcal. Ob Sie Ihre Kalorienzufuhr mit 1600 oder 2000 oder 2200 pro Tag gestalten wollen: Für 200 Kalorien ist immer Platz. Hilfreich und zum Eingewöhnen: Eine grammgenaue Küchenwaage und eine gute Kalorientabelle. Sie werden schnell ein Gefühl dafür entwickeln, was bei kleinem Gewicht viele Kalorien hat und wovon Sie große Mengen essen können.

In den Tag starten

Die Frühstücksideen können Sie ebenso gut für zwischendurch verwenden. Und was für unterwegs taugt, kann man auch fein zu Hause essen. Keine Lust auf Müsli in der Früh? »Klein & lecker« (S. 32–35) oder Unterwegs-Brote (S. 27) passen auch auf den Frühstückstisch.

Schwere Flocken

Für alle, die auf ihr Müsli mit Haferflocken nicht verzichten wollen, haben wir natürlich auch ein paar Ideen eingebaut. Aber Vorsicht: Haferflocken – wenn auch noch so gesund – wiegen schwer auf der Kalorienwaage. Die Rezepte sehen mal 15 g (= 53 kcal), mal 20 g (= 70 kcal) Haferflocken vor. Am besten Sie wiegen sich diese Menge ein Mal auf einer genauen Waage mit einem Esslöffel ab, dann müssen Sie nicht jedes Mal wieder neu wiegen und wissen einfach: Zwei mehr oder weniger gehäufte Esslöffel ergeben 15 oder 20 g Haferflocken. Und hüten Sie sich vor fertigen Müsli-Mischungen – besser Sie lesen die Inhaltsangabe auf der Packung ganz genau: Oft sind diese Mischungen gezuckert und treiben die Kalorienbilanz unnötig in die Höhe.

Pausenplaner

Mittagspause, und der Hunger nagt? Ausnahmsweise doch den Pizzadienst bemühen oder schnell aus der Bäckerei nebenan etwas holen? Ja, wenn's denn sein muss – okay. Aber das wird Ihren Kalorien-Input ganz schön durcheinander wirbeln. Wählen Sie lieber aus unseren Unterwegs-Vorschlägen (auch im Kapitel bis 300 kcal)! Das meiste können Sie schon am Vortag vorbereiten. Brote können Sie auch in der Büroküche machen. Legen Sie dazu im Bürokühlschrank einen kleinen Vorrat an: Pumpernickel oder Roggenbrot in Scheiben, Frischkäse (20 % Fett i. Tr.) oder Quark. Schnell ist da mit etwas magerem Schinken, gebratener Putenbrust, ein paar Scheiben Gurke oder Tomate ein sättigender, kalorienarmer Imbiss gebastelt, der auch die notwendigen Nährstoffe liefert.

Leichtes, das satt macht

Richtig große, sättigende Portionen gibt's auch bei 200 kcal aus allem, wo Gemüse im Spiel ist. Die Suppen werden mit möglichst wenig Fett zubereitet und gelingen mit Frischkäse oder saurer Sahne schön cremig, ohne gleich zu Kalorienbomben zu werden. Und sie lassen sich gut auf Vorrat zubereiten. Einfach die doppelte Menge kochen, im Kühlschrank aufbewahren und (auch zwischendurch) Schöpfer für Schöpfer genießen. Eine Schlemmerorgie für Gourmets ist die Frühlingsgemüsepfanne (S. 43).

Süßalarm!

Ganz auf Zucker wollten wir bei den Desserts nicht verzichten. Aber ein Päckchen Vanillezucker, 20 g Zucker oder 1 Esslöffel Sirup sind noch keine »Sünde« – wir wollen doch nicht zu streng und asketisch sein. Aber bitte gerade den Zucker genau wiegen. Sie werden sich wundern, wie wenig 20 g Zucker sind, die schon 80 »leere« Kalorien enthalten – und wie aromatisch Früchte schmecken, wenn sie nicht picksüß gezuckert werden.

originell **Honigmelone mit Rosinen und Amarettini**

Für 2 Personen:
2 EL Haferflocken (15 g)
1 EL Rosinen
300 ml Buttermilch
300 g reife Honigmelone (geputzt gewogen)
8 kleine Amarettini (italienische Mandelmakronen)
gemahlener Zimt, nach Belieben

Zubereitungszeit: ca. 10 Min.
Pro Portion: 195 kcal

1 Die Haferflocken in einer beschichteten Pfanne ohne Fett goldgelb anrösten. Sie bekommen dadurch ein feineres Aroma. Mit den Rosinen in eine Schüssel geben und mit der Buttermilch begießen. 5 Min. ziehen lassen.

2 Inzwischen die Melone schälen, entkernen und in etwa 1 cm große Würfel schneiden. Die Amarettini zerbröseln. Melone und Amarettini unter die Buttermilch heben und nach Belieben mit Zimt bestäuben.

Besonders clever!

Mixen Sie die Zutaten zu einem cremigen Drink! Den können Sie in einem gut verschließbaren Becherglas auch für unterwegs mitnehmen. Vor dem Trinken kurz umrühren oder schütteln!
***Für heiße Sommertage:** Einfach 2–3 Eiswürfel mitmixen, und schon haben Sie einen coolen **Smoothie,** der Ihre Morgenlaune garantiert hebt.*

knackig **Erdbeer-Kiwi-Müsli mit Walnusskernen**

Für 2 Personen:
250 g Erdbeeren
1 Kiwi
1 EL Ahornsirup
200 ml Buttermilch
2 EL gehackte Walnusskerne
2 EL Haferflocken (20 g)

Zubereitungszeit: ca. 15 Min.
Pro Portion: 198 kcal

1 Die Erdbeeren waschen, gut abtropfen lassen, entstielen und in Scheiben schneiden. Die Kiwi schälen, längs halbieren, den harten Mittelstrunk herausschneiden und würfeln. Die Früchte vermischen, mit Ahornsirup beträufeln und mit der Buttermilch begießen.

2 Walnusskerne und Haferflocken in einer beschichteten Pfanne ohne Fett goldgelb rösten und heiß über das Müsli streuen.

Tauschbörse

Wenn es mal besonders fein sein soll, nehmen Sie statt der Walnusskerne **Pinienkerne**. Sie können sie im Ganzen rösten.
Oder rösten Sie zur Abwechslung gemahlene **Mandeln** oder **Haselnüsse** zusammen mit den Haferflocken – das macht Ihr Müsli cremiger!

Besonders clever!

***Buttermilch** ist ein guter Hungerkiller, denn sie enthält viel Eiweiß. Außerdem ist sie erfrischend, verdauungsfördernd und bringt pro 100 g nur 35 Kalorien. Für Energie zwischendurch: 1 kleines Glas Buttermilch + 1 Stück Obst, z. B. Apfel oder Birne.*

ein Hauch von Exotik Orangenquark mit Mango

(im Bild vorne)

Für 2 Personen:
2 unbehandelte Orangen
120 g Magerquark
2 EL Haferflocken (15 g)
1/2 TL gemahlener Kardamom
1 reife Mango (300 g geputzt gewogen)
4 Blätter frische Minze

Zubereitungszeit: ca. 15 Min.
Pro Portion: 200 kcal

1 Eine Orange heiß waschen und 1 TL von der Schale abreiben. Anschließend die Orange auspressen. Den Orangensaft mit dem Magerquark, Haferflocken und Kardamom verrühren.

2 Die zweite Orange schälen, quer in Scheiben schneiden, die Kerne entfernen und das Fruchtfleisch würfeln. Die Mango schälen und das Fruchtfleisch in Scheiben vom harten Kern schneiden. Ebenfalls würfeln. Das Obst mit dem Quark vermischen und mit Orangenschale und Minzeblättchen garnieren.

Clever einkaufen

Mangos gibt es das ganze Jahr über. Aber wirklich reif, duftend und saftig sind sie bei uns nur von etwa Anfang Mai bis Ende Juni. Reife Früchte erkennen Sie daran, dass sie auf Druck leicht nachgeben. Lassen Sie im Zweifel die Mango im Regal und genießen Sie folgende Variante: Nehmen Sie pro Portion 1 **Kaki** (chinesische Quitte, Sharon-Frucht). Die harten Stängel abschneiden, die Früchte dünn schälen und das Fruchtfleisch würfeln.

Tauschbörse

Gut mit dem Orangenquark vertragen sich auch **Aprikosen** oder **Pfirsiche.** Wenn Sie 300 g frische **Ananasstücke** untermischen wollen – auch kein Problem. Sie sollten das Müsli dann aber sofort essen, denn Milchprodukte und das Enzym Bromelain (in Ananas und Kiwi enthalten) gehen schon nach wenigen Minuten eine bitter schmeckende Verbindung ein.

raffiniert Feigen-Mandel-Müsli mit Orangen

(im Bild hinten)

Für 2 Personen:
2 EL Vollkorn Haferflocken (20 g)
75 ml fettarme Milch
25 g getrocknete Feigen
1 Orange
2 EL Mandelstifte
200 g Joghurt
gemahlener Zimt

Zubereitungszeit: ca. 15 Min.
Pro Portion: 200 kcal

1 Die Haferflocken mit der Milch übergießen und 10 Min. quellen lassen. Inzwischen die Feigen in winzige Würfelchen schneiden. Die Orange schälen und das Fruchtfleisch würfeln.

2 Die Mandelstifte in einer beschichteten Pfanne ohne zusätzliches Fett goldgelb rösten.

3 Orangen- und Feigenwürfel zu den Haferflocken geben und den Joghurt unterrühren. Die noch heißen Mandelsplitter darüber streuen und mit dem Zimtpulver bestäubt servieren.

pikant Schinkenmuffins mit Kräutern

Für 12 Stück:
1 kleine Zwiebel
75 g magerer gekochter Schinken in Scheiben
1 EL Olivenöl
150 g Magerquark
50 ml fettarme Milch
1 Ei
Salz / Pfeffer
50 g Gouda, frisch gerieben
200 g Mehl
1 Päckchen Backpulver
2 EL fein gehackte Petersilie
1 EL fein gehackter Thymian
etwas Butter für das Muffinblech

Zubereitungszeit: ca. 35 Min.
Pro Stück: 99 kcal

1 Den Backofen auf 200° vorheizen. Die Zwiebel schälen und fein würfeln. Den Schinken in feine Streifen schneiden. Das Öl in einer beschichteten Pfanne erhitzen. Zwiebelwürfel und Schinkenstreifen knusprig anbraten, beiseite stellen.

2 Quark, Milch, Ei, Salz, Pfeffer und Käse in einer Schüssel gut verrühren. Das Mehl und das Backpulver dazugeben und mit dem Handmixer verrühren. Die Zwiebel-Schinken-Mischung und die Kräuter unterheben.

3 Die Muffinformen hauchdünn mit der Butter einfetten. Den Teig gleichmäßig auf die 12 Förmchen verteilen, so dass diese jeweils zu zwei Dritteln gefüllt sind. Im Backofen (Mitte, Umluft 180°) 20–25 Min. backen, bis sie goldbraun sind. Auf einem Kuchengitter auskühlen lassen.

Varianten

75 g **Parmaschinken** ohne Fettrand, fein gewürfelt und 25 g schwarze **Oliven.** Den Schinken unter den Teig heben, die Oliven entkernen, in Scheiben schneiden und vor dem Backen obenauf legen.
75 g **Serrano-Schinken** (luftgetrockneter spanischer Schinken) ohne Fettrand in kleine Würfel schneiden und unter den Teig heben.
2–3 **getrocknete Tomaten** (nicht in Öl eingelegte) in Streifen schneiden und vor dem Backen obenauf legen.

Kräutervariante

Ganz fix lassen sich die Muffins auch mit fertigen **Kräutermischungen** variieren: tiefgekühlt gibt es »Italienische Kräuter«, »Kräuter der Provence« oder auch die Mischung »Grüne Sauce«. Nehmen Sie jeweils 1 Päckchen statt Petersilie und Thymian im Rezept. Sie können die Kräuter nur leicht angetaut unterrühren.

Besonders clever!

Backen Sie gleich die doppelte Menge oder mehr. Die Muffins lassen sich gut einfrieren! Bei Bedarf auftauen und 5 Min. im Backofen bei 180° nochmals überbacken.

aus England
Pumpernickel mit Corned Beef

(im Bild hinten links)

Für 2 Personen:
40 g Camembert (45 % Fett i. Tr.)
2 Scheiben Pumpernickel
4 Scheiben Corned Beef (80 g)
2 große Blätter Eisbergsalat
2 TL Aceto balsamico

Zubereitungszeit: ca. 10 Min.
Pro Portion: 199 kcal

1 Den Camembert in Scheiben schneiden und eine Pumpernickelscheibe damit belegen. Das Corned Beef darauf legen.

2 Den Eisbergsalat waschen, gut trockenschütteln, mit dem Essig beträufeln, zusammenlegen und auf das Corned beef geben. Die zweite Scheibe Pumpernickel darauf legen, vorsichtig andrücken, in der Mitte auseinander schneiden und einzeln in Klarsicht- oder Alufolie verpacken.

einfach
Roggenbrot mit Lachsschinken

(im Bild hinten rechts)

Für 2 Personen:
2 Scheiben Roggenbrot (à 60 g)
2 EL Frischkäse (20 % Fett i. Tr.)
Salz / Pfeffer
6 Scheiben Lachsschinken (60 g)
100 g Salatgurke

Zubereitungszeit: ca. 10 Min.
Pro Portion: 199 kcal

1 Eine Brotscheibe mit dem Frischkäse bestreichen, salzen und pfeffern. Mit dem Lachsschinken belegen.

2 Die Gurke schälen und längs halbieren. Die Kerne mit einem Teelöffel herauskratzen, dann die Gurke in Scheiben schneiden und auf dem Lachsschinken verteilen. Die zweite Brotscheibe darauf legen, fest andrücken, in der Mitte halbieren und einzeln in Frischhalte- oder Alufolie zum Mitnehmen verpacken.

besonders
Marinierter grüner Spargel mit Roggenbrot

(im Bild vorne)

Für 2 Personen:
500 g grüner Spargel
2 EL Zitronensaft
Meersalz
Schwarzer Pfeffer
1 EL Olivenöl
20 g Parmesan, frisch gerieben
1 Scheibe Roggenbrot (60 g)

Zubereitungszeit: ca. 15 Min.
Marinierzeit: 30 Min.
Pro Portion: 197 kcal

1 Den Spargel – wenn erforderlich – im unteren Drittel schälen und schräg in 2 mm dünne Scheiben schneiden.

2 Aus Zitronensaft, Salz, Pfeffer und Olivenöl eine Marinade bereiten und gut mit dem Spargel vermischen.

3 Den Salat zum Mitnehmen in eine gut verschließbare Box geben. Bis zur Lunchzeit ist der Spargel dann gut mariniert. Wenn Sie den Spargel zum Beispiel als Vorspeise reichen wollen, mindestens 30 Min. in der Marinade ziehen lassen.

4 Vor dem Essen mit dem geraspelten Parmesan bestreuen und das Roggenbrot getrennt dazu servieren.

frisch Spargelsalat mit Zuckermais

(im Bild vorne)

Für 2 Personen:
500 g frischer weißer oder grüner Spargel
Salz / 1 Prise Zucker
1 gelbe Paprikaschote
1 kleine Dose Zuckermais (140 g Abtropfgewicht)
50 g saure Sahne
2 TL scharfer Senf
2 EL Weißweinessig
Cayennepfeffer
2 EL Schnittlauch in Röllchen
2 Scheiben Knäckebrot

Zubereitungszeit: ca. 15 Min.
Pro Portion: 198 kcal

1 Den Spargel schälen und in etwa 1,5 cm lange Stücke schneiden. Salzwasser mit 1 Prise Zucker zum Kochen bringen und den Spargel darin 5 Min. bissfest garen. Durch ein Sieb abgießen und etwas auskühlen lassen.

2 Inzwischen die Paprikaschote waschen, putzen und in kleine Würfel oder Streifen schneiden. Mit dem Zuckermais vermischen.

3 Die saure Sahne mit Senf und Essig verrühren und mit Salz und Cayennepfeffer pikant abschmecken.

4 Die Sauce mit Mais und Paprika vermischen, den Spargel unterheben. In einer gut verschließbaren Box mitnehmen und vor dem Essen mit dem Schnittlauch bestreuen. Das Knäckebrot daneben anrichten.

Clever zubereiten

Keine Spargelzeit? Der Salat schmeckt auch mit Spargel aus der **Dose** oder aus dem **Glas.**

Klassiker mal anders Kartoffelsalat mit Räucherforelle

(im Bild hinten)

Für 2 Personen:
300 g Kartoffeln
1 Bund Frühlingszwiebeln
1 EL Senf
4 EL weißer Aceto balsamico
Salz / Pfeffer
125 g geräucherte Forellenfilets
1 EL Schnittlauch in Röllchen

Zubereitungszeit: ca. 25 Min.
Pro Portion: 198 kcal

1 Die Kartoffeln waschen und in Salzwasser in 20 Min. weich kochen, durch ein Sieb abgießen und etwas abkühlen lassen. Schälen und in Scheiben schneiden. Die Frühlingszwiebeln waschen, putzen, in Ringe schneiden und mit den Kartoffeln vermischen.

2 Aus Senf, Essig, Salz und Pfeffer eine Marinade bereiten und die Kartoffeln damit begießen.

3 Die Forellenfilets quer in etwa 3 cm breite Streifen schneiden und unterheben. In eine gut verschließbare Box geben und – am besten erst vor dem Essen – mit Schnittlauch bestreuen.

Clever genießen

Der Salat ist nicht nur zum Mitnehmen geeignet. Planen Sie ihn auch mal als Mittag- oder Abendessen ein. Er ist besonders lecker, wenn Sie ihn noch lauwarm servieren und pro Portion **1/2 Roggenbrötchen** dazureichen.
Zur Abwechslung passt auch geräuchertes **Welsfilet** oder 1 Dose **Tunfisch** (ohne Öl!) auf den Kartoffelsalat.

vitaminreich Feldsalat mit Äpfeln und Champignons

(im Bild vorne)

Für 2 Personen:
150 g Feldsalat
1 mittelgroßer, säuerlicher Apfel (z. B. Braeburn)
150 g Champignons
3 EL Apfelessig
1 EL scharfer Senf (z. B. Dijon-Senf)
Salz | Pfeffer
1 EL + 1 TL Olivenöl
2 Scheiben Weizenvollkorntoast

Zubereitungszeit: ca. 20 Min.
Pro Portion: 167 kcal

1 Den Feldsalat gründlich waschen, putzen, verlesen und gut abtropfen lassen. Den Apfel heiß waschen, das Kerngehäuse entfernen und das Fruchtfleisch in dünne Spalten schneiden. Die Champignons putzen, die Stiele abschneiden und die Köpfchen in dünne Scheiben schneiden.

2 Feldsalat, Apfelspalten und Champignonscheiben in einer großen Schüssel vermischen. Den Apfelessig mit Senf, Salz und Pfeffer gut verrühren und 1 EL Olivenöl mit einem kleinen Schneebesen unterschlagen. Den Salat mit der Marinade begießen, gut vermischen und kurz ziehen lassen.

3 Inzwischen die Toastscheiben in Würfel schneiden, das restliche Öl in einer beschichteten Pfanne erhitzen und die Brotwürfel unter ständigem Rühren zu knusprigen Croûtons braten. Den Salat auf zwei Tellern anrichten und mit den Croûtons bestreut servieren.

schön knackig Eisbergsalat mit Paprika und Putenbruststreifen

(im Bild hinten)

Für 2 Personen:
1/2 kleiner Eisbergsalat (250 g)
1 rote Paprikaschote
1 Orange
200 g Putenschnitzel
Salz | Pfeffer
1 EL Rapsöl

Zubereitungszeit: ca. 20 Min.
Pro Portion: 197 kcal

1 Die Salatblätter waschen, gut trockenschleudern und in mundgerechte Stücke zupfen. Die Paprikaschote waschen, putzen und in Streifen oder Würfel schneiden. Salat und Paprika in einer großen Schüssel vermischen. Die Orange auspressen.

2 Die Putenschnitzel von Fett und Sehnen befreien, vorsichtig flach klopfen, salzen und pfeffern. Das Öl in einer beschichteten Pfanne erhitzen und die Putenschnitzel von beiden Seiten goldgelb braten. Die Schnitzel herausnehmen und in Alufolie gewickelt warm stellen.

3 Den Bratensatz mit dem Orangensaft ablöschen und etwa auf die Hälfte einkochen lassen. Mit Salz und Pfeffer pikant abschmecken und mit dem Salat vermischen. Auf zwei Teller verteilen, die Putenschnitzel quer in etwa 2 cm breite Streifen schneiden und auf dem Salat anrichten.

fruchtig-pikant Apfel-Hüttenkäse auf Roggenbrot

Für 2 Personen:
100 g Hüttenkäse
1/2 TL Currypulver / Salz / Pfeffer
1 kleiner Apfel (125 g)
2 Scheiben Roggenbrot (à 60 g)
1 Bund Frühlingszwiebeln
1 TL Rapsöl

Zubereitungszeit: ca. 15 Min.
Pro Portion: 200 kcal

1 Den Hüttenkäse mit dem Currypulver verrühren und mit Salz und Pfeffer pikant abschmecken. Den Apfel schälen, grob raspeln und mit dem Hüttenkäse vermischen.

2 Die Roggenbrote mit dem Apfel-Hüttenkäse bestreichen. Die Frühlingszwiebeln waschen, putzen und in Ringe schneiden.

3 Das Öl in einer beschichteten Pfanne erhitzen und die Zwiebelringe anbraten. Die Zwiebelringe auf den Broten verteilen, nochmals mit Pfeffer aus der Mühle übermahlen und sofort servieren.

Variante

Ein anderes feines **Appetit-Brot:** Für 2 Portionen: 4 Scheiben Vollkorntoast, 2 EL Frischkäse (20 % Fett i. Tr.), 50 g Parmaschinken und 1 reife Feige. Die Brote toasten, mit Frischkäse bestreichen, Schinken und in Scheiben geschnittene Feige auf 2 Toastscheiben verteilen und die beiden übrigen Scheiben darauf legen. Einwickeln und mitnehmen oder gleich – noch warm – vernaschen.

herb-würzig **Harzer Salat**

Für 2 Personen:
4 EL weißer Aceto balsamico
Salz / Pfeffer
1 TL Kümmel
1 kleine rote Zwiebel
125 g Harzer Käse
1 Staude roter Chicorée
150 g Tomaten
6 dünne Scheiben Lachsschinken (60 g)
4 Scheiben Knäckebrot

Zubereitungszeit: ca. 20 Min.
Pro Portion: 199 kcal

1 Den Essig in einer Schüssel mit Salz, Pfeffer und Kümmel verrühren. Die Zwiebel schälen, in sehr feine Ringe schneiden und mit dem Essig vermischen. Harzer Käse in kleine Würfel schneiden, unterheben und in der Marinade 10 Min. ziehen lassen.

2 Den Chicorée putzen und in Streifen schneiden. Die Tomaten waschen, halbieren, die Stielansätze herausschneiden und das Fruchtfleisch würfeln. Chicoréestreifen und Tomatenwürfel mit dem marinierten Käse vermischen und auf zwei Tellern anrichten.

3 Den Lachsschinken zu Tütchen drehen, obenauf legen und das Knäckebrot getrennt dazureichen.

Clever Kalorien sparen

Sie können den frischen Salat natürlich auch **ohne Knäckebrot** essen. Er hat dann nur noch 135 kcal und macht trotzdem schön satt.

rosarot Radieschenquark mit Putenbrust

(im Bild vorne)

Für 2 Personen:
100 g Magerquark
2 EL Apfelessig
1 TL Kümmel
Salz / Pfeffer
100 g Radieschen
4 Scheiben Knäckebrot
20 g Diät Margarine
2 Scheiben Putenbrust Aufschnitt (30 g)
2 EL Schnittlauch in Röllchen

Zubereitungszeit: ca. 15 Min.
Pro Portion: 198 kcal

1 Den Magerquark mit dem Essig glatt rühren. Die Kümmelkörner fein hacken und untermischen. Den Quark mit Salz und Pfeffer würzen.

2 Die Radieschen waschen, putzen und in kleine Würfel oder dünne Scheiben schneiden. Unter den Quark heben.

3 Die Knäckebrotscheiben dünn mit Margarine bestreichen und die Putenbrust darauf legen. Den Radieschenquark darauf verteilen und mit Schnittlauch bestreut servieren.

Clever zum Mitnehmen

Diesen Quark können Sie wunderbar ins Büro mitnehmen. Aber nicht erschrecken: Wenn Sie den Radieschenquark in einer Box aufbewahren, wird der Quark rosa. Die Radieschenschalen sind daran schuld. Das macht aber gar nichts – im Gegenteil – es sieht hübsch aus und der Geschmack ist intensiver geworden. Im Büro können Sie die Margarine auch weglassen – der Quark schmeckt auch ohne sehr cremig.

schnell Ziegenfrischkäse pikant garniert

(im Bild hinten)

Für 2 Personen:
1 Bund Frühlingszwiebeln
70 g Ziegenfrischkäse
1 EL Tomatenmark
Salz / Pfeffer
2 Scheiben Pumpernickel
100 g Kirschtomaten
2 EL Schnittlauch in Röllchen

Zubereitungszeit: ca. 10 Min.
Pro Portion 200 kcal

1 Die Frühlingszwiebeln waschen, putzen und in feine Würfel schneiden. Den Ziegenfrischkäse mit dem Tomatenmark glatt rühren und die Zwiebelwürfel unterheben. Mit Salz und Pfeffer abschmecken. Die Pumpernickelscheiben damit bestreichen.

2 Die Kirschtomaten waschen, gut abtropfen lassen, halbieren und auf den Broten verteilen. Mit Schnittlauch bestreut servieren.

Clever zum Mitnehmen

Die Ziegenfrischkäse-Mischung können Sie in einer gut verschließbaren Box auch ins Büro mitnehmen und Ihr Appetitbrot mit den übrigen Zutaten dort zubereiten.

Luxusvariante

Mischen Sie den Ziegenfrischkäse mit 3 **Trockenpflaumen,** die Sie vorher ganz klein würfeln. Diese fruchtige Note bekommt dem Ziegenfrischkäse ganz besonders. Garnieren Sie die Pflaumen-Käse-Mischung mit ein paar frischen **Basilikumblättchen,** und Ihr Mittagessen ist perfekt.

grün und knackig **Zuckerschotensüppchen mit Krabben**

Für 2 Personen:
1 Zwiebel
1 EL Rapsöl
450 ml klare Fleischbrühe
150 g Zuckerschoten
2 EL saure Sahne
Salz / Pfeffer
1 EL Zitronensaft
125 g gekochte und geschälte Pazifik-Krabben
1 EL Schnittlauch in Röllchen

Zubereitungszeit: ca. 25 Min.
Pro Portion: 199 kcal

1 Die Zwiebel schälen und fein hacken. Das Öl in einem Topf erhitzen und die Zwiebelwürfel glasig dünsten. Mit der Fleischbrühe ablöschen.

2 Die Zuckerschoten waschen und zu der Brühe geben. Zugedeckt bei mittlerer Hitze 15 Min. köcheln lassen, bis die Zuckerschoten weich sind. Einige Zuckerschoten herausnehmen und zur Dekoration beiseite legen. Die restlichen Schoten in der Suppe mit dem Pürierstab oder im Mixer fein pürieren.

3 Die saure Sahne mit dem Schneebesen unterrühren – nicht mehr kochen lassen! Mit Salz, Pfeffer und Zitronensaft abschmecken.

4 Die Krabben in der Suppe erwärmen. Die Suppe auf zwei Teller verteilen, mit Schnittlauch bestreuen, die übrigen Zuckerschoten zur Dekoration auf den Tellerrand setzen.

herbstlich

Klare Pilzsuppe

Für 2 Personen:

20 g getrocknete Steinpilze
2 Schalotten | 1 EL Rapsöl
500 ml klare Fleischbrühe
150 g Shiitake-Pilze (ersatzweise braune Champignons)
45 g feine Suppennudeln
Salz | Pfeffer
Saft und Schale von 1 unbehandelten Zitrone
2 EL Schnittlauch in Röllchen

Zubereitungszeit: ca. 15 Min.
(ohne Einweichzeit)
Pro Portion: 200 kcal

1 Die Steinpilze 30 Min. in 150 ml lauwarmem Wasser einweichen. Anschließend abgießen und das Einweichwasser aufbewahren. Die Steinpilze fein würfeln.

2 Die Schalotten schälen und in winzige Würfel schneiden. Das Öl in einem kleinen beschichteten Topf erhitzen, darin die Schalottenwürfel glasig dünsten. Mit der Fleischbrühe und dem Pilzwasser aufgießen und 5 Min. sprudelnd kochen lassen.

3 Inzwischen die Shiitake-Pilze mit einer weichen Bürste putzen und die harten Stiele herausknipsen. Größere Köpfchen vierteln, die kleineren halbieren. Pilze und Nudeln in die Suppe geben und bei geringer Hitze 3 Min. ziehen lassen. Mit Salz, Pfeffer, Zitronensaft und -schale abschmecken und mit Schnittlauch bestreut servieren.

Clever Kalorien sparen

Wenn Sie die Suppennudeln weglassen, sparen Sie nochmals ca. 80 kcal pro Portion.

exotisch fruchtig Möhren-Safran-Creme

Für 2 Personen:
350 g Möhren | 2 Schalotten | 1 EL Rapsöl
1 kleines Döschen Safran (0,1 g)
500 ml klare Fleischbrühe
100 ml Orangensaft, frisch gepresst
1 EL Frischkäse (20 % Fett i. Tr.)
Salz | Pfeffer | 1 Scheibe Vollkorntoast

Zubereitungszeit: ca. 15 Min.
Pro Portion: 199 kcal

1 Die Möhren schälen, putzen und in etwa 1,5 cm große Würfel oder Scheiben schneiden. Die Schalotten schälen und fein würfeln.

2 Das Öl in einem kleinen beschichteten Topf erhitzen und die Schalottenwürfel darin glasig dünsten. Die Safranfäden dazugeben und kurz mitrösten. Mit der Brühe aufgießen, die Möhren dazugeben und zugedeckt 8–10 Min. kochen, bis die Möhren weich sind. Einige Möhrenstücke zur Dekoration herausnehmen. Die restlichen Möhren in der Suppe mit dem Zauberstab oder im Mixer fein pürieren. Bei geringer Hitze den Orangensaft und den Frischkäse einrühren, mit Salz und Pfeffer abschmecken.

3 Das Toastbrot im Toaster oder in einer beschichteten Pfanne ohne Fett rösten und würfeln. Die Suppe auf zwei Teller verteilen, übrige Möhren daraufgeben und mit den Toastwürfeln bestreut servieren.

Clever Kalorien sparen

Wenn Sie das Toastbrot weglassen, hat die Suppe pro Portion 65 kcal weniger. Für die eingesparten Kalorien dürfen Sie sich dafür ein Stück zartbittere Schokolade gönnen.

erfrischend Gurken-Curry-Suppe

Für 2 Personen:
1 kleine Salatgurke (500 g)
1 kleine Zwiebel
150 g Kartoffeln
2 EL Rapsöl
1 TL Currypulver
400 ml Gemüse- oder Hühnerbrühe
Salz | Pfeffer
2 EL saure Sahne

Zubereitungszeit: ca. 20 Min.
Pro Portion: 199 kcal

1 Die Salatgurke schälen, längs halbieren und in etwa 1 cm breite Stücke schneiden. Die Zwiebel schälen und fein würfeln. Die Kartoffeln schälen, waschen und in 1 cm große Würfel schneiden.

2 Das Rapsöl in einem beschichteten Topf erhitzen und die Zwiebelwürfel unter ständigem Rühren glasig dünsten. Currypulver unterrühren und kurz mit anrösten.

3 Mit der Brühe aufgießen und die Kartoffelwürfel hineingeben. Das Ganze 5 Min. zugedeckt kochen lassen, dann die Gurkenstücke dazugeben und weitere 5 Min. auf mittlerer Hitze köcheln lassen.

4 Mit dem Pürierstab oder im Mixer nach Belieben fein oder grob pürieren. Mit Salz und Pfeffer abschmecken. Die Suppe auf zwei Teller verteilen und jeweils 1 EL saure Sahne in die Mitte setzen.

Coole Variante

Cool für heiße Tage: Für 2 Portionen 300 g **Salatgurke,** 1 Schalotte, 200 ml Kalbsfond (aus dem Glas) und 2 EL Magerjoghurt fein pürieren und kalt stellen. Vor dem Servieren mit je 1 EL Magerjoghurt und 1 EL fein gehacktem Dill garnieren.

rotgrün Tomatensuppe mit Zucchini

(im Bild vorne)

Für 2 Personen:
1 kleine Zwiebel
2 Knoblauchzehen
1 EL Rapsöl
250 ml Gemüsebrühe
1 Dose stückige Tomaten (400 g Füllgewicht)
1 kleiner Zucchino (200 g)
30 g Frischkäse (20 % Fett i. Tr.)
1–2 TL Zitronensaft
Salz | Pfeffer
1 Scheibe Pumpernickel

Zubereitungszeit: ca. 20 Min.
Pro Portion: 197 kcal

1 Die Zwiebel und die Knoblauchzehen schälen und fein würfeln. Das Öl in einem beschichteten Topf erhitzen und Zwiebel- und Knoblauchwürfel goldgelb anbraten. Die Gemüsebrühe und Tomaten dazugeben und bei milder Hitze 5 Min. köcheln lassen.

2 In der Zwischenzeit den Zucchino waschen, putzen, längs vierteln und in etwa 2 mm dicke Scheiben schneiden. Die Zucchinistücke in die Suppe geben und weitere 5 Min. leicht köcheln lassen, bis das Gemüse weich ist.

3 Den Käse in die Suppe rühren, bis er geschmolzen ist. Die Suppe mit Zitronensaft, Salz und Pfeffer abschmecken. Auf zwei Tellern anrichten und jeweils 1/2 Scheibe Pumpernickel dazureichen.

Clever genießen

Rotgrün zum Trinken: **Tomaten-Gurken-Cooler**
Für 2 Personen: 300 g Salatgurke schälen und entkernen. Mit 300 ml Tomatensaft fein pürieren, mit Salz, Pfeffer und Tabasco abschmecken.

grünrot Brokkolicreme mit Tomaten

(im Bild hinten)

Für 2 Personen:
500 g Brokkoli (frisch oder TK)
500 ml Gemüsebrühe
250 ml fettarme Milch
1 Fleischtomate
75 g Frischkäse mit Kräutern (20 % Fett i. Tr.)
Salz | Pfeffer
Muskatnuss, frisch gerieben

Zubereitungszeit: ca. 20 Min.
Pro Portion: 198 kcal

1 Vom Brokkoli ein paar kleine Röschen abschneiden und beiseite legen. Die übrigen Röschen klein schneiden. Die Stiele schälen und in Scheiben schneiden.

2 Die Gemüsebrühe mit der Milch aufkochen lassen. Die klein geschnittenen Röschen und Scheiben vom Brokkoli hineingeben und in 5 Min. weich kochen lassen. Im Mixer oder mit dem Zauberstab fein pürieren. Die übrigen Brokkoliröschen unterheben und bei geringer Hitze 5 Min. in der Suppe garen, bis sie bissfest sind.

3 Inzwischen die Tomate heiß überbrühen, häuten, die Stielansätze und Kerne entfernen und das Fruchtfleisch in Würfel schneiden.

4 Den Käse unter Rühren in der Suppe schmelzen lassen. Die Suppe mit Salz und Pfeffer abschmecken und mit Muskat würzen. Mit den Tomatenwürfeln bestreut heiß servieren.

etwas mühsam – aber es lohnt! Frühlingsgemüsepfanne

Für 2 Personen:
150 g Brokkoli
100 g Staudensellerie
150 g grüner Spargel
1 Bund Frühlingszwiebeln
200 g Kirschtomaten
Salz
1/2 Zitrone
125 g Zuckerschoten
1 EL Olivenöl
2 EL weißer Aceto balsamico
Pfeffer
Muskatnuss, frisch gerieben

Zubereitungszeit: ca. 60 Min.
Pro Portion 197 kcal

1 Die Brokkoliröschen vom harten Stiel schneiden. Den Stiel schälen und würfeln. Die Selleriestängel schälen und in etwa 3 cm breite Streifen schneiden. Die Spargelstangen im unteren Drittel schälen und in etwa 3 cm lange Stücke schneiden. Die Frühlingszwiebeln waschen, putzen und in etwa 3 cm lange Stücke schneiden. Dickere Stängel längs halbieren. Die Kirschtomaten waschen, gut abtropfen lassen und halbieren.

2 Reichlich Salzwasser zum Kochen bringen und den Saft der halben Zitrone dazugeben. Nacheinander die Gemüse im Salzwasser blanchieren und anschließend zum Abtropfen in ein Sieb geben; die Brokkoliröschen 3 Min., Sellerie, grünen Spargel und Zuckerschoten jeweils 4 Min. blanchieren. Bitte jede Gemüsesorte für sich allein, damit alle ihren typischen Geschmack behalten.

3 Das Öl in einer großen beschichteten Pfanne erhitzen und die Frühlingszwiebeln und Brokkolistiele 3 Min. unter ständigem Rühren anbraten. Mit 100 ml Blanchierwasser und dem Essig ablöschen. Kräftig mit Salz und Pfeffer würzen. Die Tomaten dazugeben und alles etwa 1 Min. köcheln lassen. Das übrige, gut abgetropfte Gemüse unterheben und reichlich mit frisch geriebener Muskatnuss übermahlen.

Variante

Wenn die ersten **jungen Kartoffeln** auf dem Markt sind, ist auch folgende Variante klasse: 200 g junge, kleine Kartoffeln, 150 g möglichst junge Möhren, 2 kleine Fenchelknollen, 125 g Kenia- oder Prinzess-Böhnchen, ab Frühlingszwiebeln alle Zutaten wie im Rezept oben beschrieben. Die Kartoffeln mit einer Bürste unter fließendem Wasser säubern. Das Möhrengrün bis auf einen kleinen 2 cm langen Stiel abschneiden. Die Möhren ebenfalls sauber bürsten.
Die Fenchelknollen putzen und in Blätter teilen. Das Fenchelgrün klein hacken und beiseite stellen. Kartoffeln und Möhren zusammen in sprudelndem Salzwasser 10–15 Min. bissfest kochen. Herausnehmen und warm stellen.
Die Fenchelblätter 6 Min., anschließend die Böhnchen 5 Min. blanchieren. Weiter wie ab Punkt 3 im Rezept verfahren.

Besonders clever!

*Das Rezept ist für 2 Portionen berechnet. Wenn Sie **Gäste** einladen wollen, verdoppeln Sie einfach die Gemüsemenge.*
*Mit diesem **Senfdressing** wird die Gemüsepfanne zum leckeren Salat: 2 EL Essig und 1 TL scharfen Senf miteinander verrühren, untermischen und bei Zimmertemperatur 5 Min. ziehen lassen.*

für Gäste Forellencreme mit Kräcker auf Eisbergsalat

Für 2 Personen:
2 EL Mandelblättchen
125 g geräucherte Forellenfilets
50 g Magerquark
2 EL Zitronensaft
2 EL grob gehackte Basilikumblätter
1 TL Meerrettich (aus dem Glas)
Salz | Pfeffer | 4 Blätter Eisbergsalat
6 Stück Kräcker (à 25 g)

Zubereitungszeit: ca. 20 Min.
Pro Portion: 199 kcal

1 Die Mandelblättchen in einer beschichteten Pfanne ohne zusätzliches Fett goldgelb rösten und beiseite stellen. Die Forellenfilets mit einer Gabel grob zerpflücken und mit Magerquark, Zitronensaft, Basilikum und Meerrettich fein pürieren. Mit Salz und Pfeffer abschmecken.

2 Die Salatblätter waschen, gut abtropfen lassen und auf zwei Teller verteilen. Mit einem Esslöffel vier Bällchen von der Creme abstechen und auf die Salatblätter geben. Mit den Mandelblättchen bestreuen und mit den Kräckern dekoriert servieren.

Tauschbörse

Statt mit geräucherten Forellen können Sie die Creme auch mit 1 Dose – am besten weißem – **Tunfisch** zubereiten. Nehmen Sie aber auf jeden Fall eine Konserve ohne Öl, sonst schnellt der Kalorienzeiger in die Höhe!

Clever genießen

Die Creme können Sie auch mit ein paar **Grissini** gut für Gäste zum Aperitif reichen oder zum Mitnehmen in einer gut verschließbaren Box im Kühlschrank aufbewahren.

Überraschungspäckchen **Kabeljaufilet in Pergament**

Für 2 Personen:
2 Fenchelknollen (300 g)
Salz / 100 g Tomaten
2 EL fein gehackte Petersilie
2 Kabeljaufilets (à 150 g)
Pfeffer / 2 EL Zitronensaft
1 EL Olivenöl

Zubereitungszeit: 30 Min.
Pro Portion: 196 kcal

1 Den Backofen auf 180° vorheizen. Die Fenchelknollen waschen, putzen und in einzelne Blätter teilen. Die Blätter quer in etwa 1/2 cm dicke Streifen schneiden.

2 Reichlich Salzwasser zum Kochen bringen und die Tomaten kurz hineinlegen. Die Tomaten mit einem Schaumlöffel herausheben, häuten, Stielansätze und Kerne entfernen und das Fruchtfleisch würfeln.

3 Die Fenchelstreifen 5 Min. im kochenden Wasser blanchieren. Durch ein Sieb abgießen. Dabei 2 EL des Kochwassers auffangen und beiseite stellen.

4 2 Blätter Pergamentpapier (30 x 20 cm) auf der Arbeitsfläche ausbreiten und jeweils die Hälfte des Fenchels in der Mitte zu einem Rechteck auslegen. Mit Tomatenwürfeln und Petersilie bestreuen. Mit je 1 Esslöffel Kochwasser begießen.

5 Die Fischfilets von beiden Seiten salzen und pfeffern und auf das Gemüse legen. Mit Zitronensaft und Olivenöl beträufeln. Das Pergamentpapier fest verschließen und im vorgeheizten Backofen (Mitte, Umluft 160°) 20 Min. backen. Herausnehmen, auf zwei Teller legen, das Pergamentpapier öffnen und im Papier servieren.

ganz heiß **Exotische Früchtchen**

(im Bild vorne)

Für 2 Personen:
150 g Himbeeren (TK) / 2 EL Puderzucker
2 EL Zitronensaft
1/2 Mango (150 g geputzt gewogen)
1 kleine Papaya (150 g geputzt gewogen)
1 Kaki (200 g)

Zubereitungszeit: ca. 30 Min.
Pro Portion: 196 kcal

1 Den Backofen auf 200° vorheizen. Die tiefgekühlten Himbeeren mit 1 EL Puderzucker und 1 EL Zitronensaft pürieren und beiseite stellen.

2 Die Mango schälen, das Fruchtfleisch in schmalen Spalten vom harten Kern schneiden. Die Papaya halbieren, Kerne herauskratzen, in 8 Spalten schneiden und schälen. Die Kaki schälen und in dünne Spalten schneiden. Die Fruchtstücke auf zwei flachen, feuerfesten Formen ausbreiten.

3 Den restlichen Puderzucker mit dem restlichen Zitronensaft verrühren und die Früchte damit bestreichen. Im vorgeheizten Backofen (Umluft 180°) 15 Min. backen, bis der Zucker Blasen wirft. Mit einem Esslöffel je 2 Kleckse der noch halbgefrorenen Himbeeren auf den Früchten verteilen und das restliche Himbeerpüree getrennt dazureichen.

Tauschbörse

Die Fruchtsauce können Sie auch aus tiefgekühlten **Blaubeeren** oder **Brombeeren** machen. Wenn Sie dafür frische Früchte verwenden wollen, lassen Sie das Fruchtpüree im Kühlschrank gut durchkühlen. Denn das Tolle an diesem Dessert ist der Kontrast zwischen den heißen gebratenen Früchten und der eiskalten Sauce.

macht was her **Ingwerpfirsiche**

(im Bild hinten)

Für 2 Personen:
2 reife Pfirsiche
15 g frischer Ingwer
20 g Butter
20 g Zucker
1 Päckchen Vanillezucker
2 EL fettarmer Joghurt
Minzeblättchen nach Belieben

Zubereitungszeit: ca. 15 Min.
Pro Portion: 196 kcal

1 Die Pfirsiche für 30 Sekunden in kochendes Wasser legen. Herausnehmen, etwas abkühlen lassen und schälen. In schmalen Spalten vom Kern schneiden. Die Ingwerwurzel schälen und in winzige Würfelchen schneiden.

2 Die Butter in einer beschichteten Pfanne schmelzen, Zucker und Vanillezucker dazugeben und rühren, bis sich der Zucker aufgelöst hat. Die Ingwerwürfel einrühren und die Pfirsichspalten nebeneinander in die Pfanne legen. Immer wieder wenden, bis der Zucker zu karamellisieren beginnt.

3 Auf zwei Tellern anrichten und jeweils 1 EL Joghurt in die Mitte setzen. Nach Belieben mit den Minzeblättchen dekoriert servieren.

Besonders *fit!*

Die Früchtchen und Pfirsiche schmecken nicht nur toll, sie bringen auch ein dickes Plus für Ihre Gesundheit.

gästefein **Erdbeersorbet**

Für 2 Personen:
1/2 Vanilleschote / 25 g Zucker
250 g Erdbeeren / 2 Eiweiße / Salz
4 Löffelbiskuits

Zubereitungszeit: ca. 20 Min.
Kühlzeit: 3 Std.
Pro Portion: 197 kcal

1 Die Vanilleschote aufschlitzen, das Mark herauskratzen. Die Schote, das Mark und den Zucker in einen kleinen Topf geben und mit 75 ml Wasser aufgießen. 10 Min. offen kochen lassen, bis ein dünnflüssiger Zuckersirup entstanden ist.

2 Inzwischen die Erdbeeren waschen und entstielen. Einige Erdbeeren zur Dekoration beiseite legen. Restliche Erdbeeren mit dem Zuckersirup fein pürieren. Die Eiweiße mit einer Prise Salz zu einem sehr steifen Schnee schlagen. Erdbeersauce vorsichtig unter den Eischnee heben und zugedeckt 3 Std. im Gefrierfach frieren lassen.

3 Vor dem Servieren kurz antauen lassen und mit dem Handrührgerät nochmals aufschlagen. In zwei Schalen geben, mit den restlichen Erdbeeren dekorieren und mit je 2 Löffelbiskuits eiskalt servieren.

Clever Kalorien sparen

Wenn Sie auf die Löffelbiskuits verzichten, hat das Sorbet lediglich 100 kcal pro Portion. Sie können das Sorbet auch mit anderen Früchten, zum Beispiel **Himbeeren, Brombeeren** oder einer **Waldbeerenmischung** zubereiten. Tiefgekühlte Früchte brauchen Sie nicht vollständig aufzutauen. Ein starker Mixer (1500 Watt) kriegt sie auch im gefrorenen Zustand klein.

raffiniert Trauben-Pumpernickel-Quark

Für 2 Personen:
2 Scheiben Pumpernickel
150 g Magerquark
2 EL Zitronensaft
1 Vanilleschote
120 g weiße und blaue Weintrauben

Zubereitungszeit: ca. 10 Min.
Pro Portion: 200 kcal

1 Pumpernickel zerbröseln oder mit einem scharfen Messer in kleine Würfel schneiden. Den Quark mit dem Zitronensaft verrühren. Die Vanilleschote aufschlitzen, das Mark herauskratzen und unter den Quark rühren. Die Pumpernickelbrösel unterheben.

2 Die Weintrauben waschen, von den Stielen zupfen und vorsichtig schälen. Die Trauben vierteln und die Kerne entfernen. Den Pumpernickelquark mit den Weintrauben bestreuen.

Clever genießen

Die Zutaten in diesem Rezept können Sie auch für ein **leckeres Frühstücksbrot** verwenden: Den Magerquark mit Zitronensaft und dem Vanillemark verrühren, die Pumpernickelscheiben damit bestreichen und mit den geschälten und entkernten Weintrauben belegen.

Tauschbörse

Gut schmeckt Pumpernickel auch mit **Mango** oder **Papaya.** Für 2 Portionen benötigen Sie je 1/2 Mango oder 1/2 Papaya (ca. 150 g geputzt gewogen). Für das Dessert die Früchte würfeln, für das Frühstücksbrot in Spalten schneiden.

Besonders fein!

Wenn Sie noch 100 kcal drauflegen wollen: 15 g Pinienkerne in einer Pfanne ohne zusätzliches Fett rösten und noch warm über das Dessert oder die Brote streuen.

300 Kalorien

Für zu Hause, fürs Büro oder für Gäste – 300-Kalorien-Schlemmergerichte

Zu den 300-kcal-Gerichten können Sie ruhig auch mal Gäste einladen: Die werden gar nicht merken, dass Sie jetzt auf Ihre Linie achten. Kombinieren Sie für ein Menü nach Belieben zum Beispiel einen Salat aus diesem Kapitel als Vorspeise und dazu eines der Hauptgerichte aus dem Kapitel 200 Kalorien – und es bleibt immer noch Platz für eine Nachspeise!

Schlanke Flosse!

Auf sättigendem Gemüse kommt Ihnen hier der Fisch entgegen. Die ausgewählten Fische sind extrem fettarm, was natürlich Kalorien spart. Fettarme Fische sind: Flunder, Heilbutt, Schellfisch, Scholle, Seelachs, Seezunge und Steinbutt aus dem Meer; Schleie, Hecht und Forellen aus Süßwasser. Leider enthalten diese Schlankmacher-Fische kaum die wichtigen Omega-3-Fettsäuren. Die gibt's nur in Tiefseefisch in ausreichender Menge. Das haben wir ausgetrickst: Braten Sie Fisch in Rapsöl an – es enthält diese Fettsäure – und darüber hinaus noch reichlich Vitamin A und E. Wenn es Ihre Kalorienbilanz erlaubt, greifen Sie ein Mal pro Woche bei einem fetteren Fisch zu: Lachs, Tunfisch oder Makrele. Diese sollten in Olivenöl gebraten werden, wegen der günstigen Kombination von Omega-3- (Fisch) und Omega-6-Fettsäuren im Öl.

Tierisch gut

Waren Sie auch immer der Meinung, nur Pute & Co. bringen wenig Fett auf den Teller? Falsch! Lammfilet hat kaum mehr, Kalbfleisch und Rinderlende sogar noch weniger Kalorien. Und das gefürchtete Schweinefleisch? Das Filet ist absolut mager und fettarm. Vorsicht natürlich bei Schweinebauch, -backe und -mett. Auch Wild wie Reh und Hirsch ist fett- und kalorienarm und gehört öfter mal auf den Speiseplan. Ihr Fleisch enthält – wie das von artgerecht gehaltenen Tiere auch – viel mehr langkettige, mehrfach ungesättigte Fettsäuren, die – hurra! – auch die Fettverbrennung ankurbeln. Doch sollten Sie auch davon nicht zu viel verzehren. In Maßen heißt auch hier die Devise. Eingepferchte Masttiere müssen ohne Bewegung Silofutter mampfen. Das schadet der Qualität – auf ihr Fleisch können wir eigentlich verzichten. Es wird zwar billig angeboten – Sie können aber einen Kompromiss machen: Lieber ein kleineres Stück Fleisch, dafür aber »Bio«.
Ein Stück mageres Fleisch oder gekochter/geräucherter Schinken (Fettrand abschneiden!) hat noch einen Pluspunkt: Das Eiweiß (Protein) sättigt gut und lange. Der Magenruf nach Nachschub lässt auf sich warten – und schon wieder werden Snack-Kalorien gespart.

Pasta – basta?

Nicht ganz. Nehmen Sie aber die Vollkornversionen – und davon auch nicht allzu viel. 70 g pro Portion sollten genügen, wenn Sie viel Gemüse für die Sauce verwenden. Die Kalorien-Differenz zwischen normalen Nudeln und der Vollkornversion ist zwar minimal – aber bei den Inhaltsstoffen gibt es große Unterschiede: Vollkornnudeln enthalten mehr Eiweiß, Mineralstoffe und Vitamine. Und viel Ballaststoffe, die aber kein unnötiger Ballast für Ihren Körper sind. Die unverdaulichen Stoffe – enthalten in Vollkorn, Naturreis, Hülsenfrüchten und faserreichem Gemüse – halten die Darmflora gesund und verbessern das Immunsystem. Weil sie sich im Magen-Darm-Trakt mit Flüssigkeit voll saugen und aufquellen, sorgen sie auch noch dafür, dass Sie länger satt sind und das Gefühl haben, richtig was gegessen zu haben. Das dürfen Sie nämlich auch bei der kalorienarmen Ernährung nach unseren Rezepten.

Frischekick **Bananenmüsli mit Grapefruit**

Für 2 Personen:
3 EL Haferflocken (30 g)
200 g fettarmer Joghurt
2 kleine Bananen (200 g)
250 g Grapefruit (geputzt gewogen)
5 getrocknete entsteinte Datteln

Zubereitungszeit: ca. 10 Min.
Pro Portion: 295 kcal

1 Die Haferflocken mit dem Joghurt verrühren und kurz quellen lassen.

2 Inzwischen die Bananen schälen und auf einem Teller zerdrücken. Die Grapefruit schälen und dabei so viel von der weißen Haut wie möglich entfernen. Quer in Scheiben schneiden, die Kerne entfernen und das Fruchtfleisch würfeln. Die Datteln halbieren, Kerne entfernen und in feine Streifen schneiden.

3 Bananen mit dem Joghurt verrühren, die Grapefruitwürfel unterheben und mit den Dattelstreifen bestreut servieren.

Besonders clever!

Bananen stehen zwar nicht ganz oben auf der Kaloriensparliste. Aber gerade frühmorgens geben sie den nötigen Kohlenhydrat-Kick, um voller Energie in den Tag zu starten. Für sportlich Aktive sind Bananen fast ein »Muss«: Kalium und Magnesium füllen die Mineralstoffspeicher wieder auf und Niacin sorgt für eine bessere Energiegewinnung.

mild-nussig **Mango-Joghurt mit Pinienkernen**

Für 2 Personen:
2 EL Pinienkerne
300 g fettarmer Joghurt
2 TL Honig
1 Mango (300 g geputzt gewogen)
6 Trockenpflaumen (50 g)

Zubereitungszeit: ca. 10 Min.
Pro Portion: 295 kcal

1 Die Pinienkerne in einer beschichteten Pfanne ohne zusätzliches Fett goldgelb rösten und beiseite stellen.

2 Den Joghurt mit dem Honig glatt rühren. Die Mango schälen, das Fruchtfleisch vom harten Kern schneiden und würfeln. Die Pflaumen in dünne Streifen schneiden. Mangowürfel und Pflaumen unter den Joghurt mischen und mit den Pinienkernen bestreut servieren.

Gesund genießen

Nüsse, Samen und Kerne sind sehr energie-, also kalorienreich. Deshalb verwenden wir sie in unseren Rezepten auch recht sparsam. Denn nur so nebenher geknabbert bringt ein kleines Päckchen von 100 g es leicht auf 550 kcal.
Ganz verzichten sollten Sie trotzdem nicht auf die kleinen Power-Körnchen. Ihr Gesundheitswert ist außerordentlich: Der hohe Anteil an ungesättigten **Omega-3-Fettsäuren** kann das »böse« LDL-Cholesterin senken, was Herzinfarkt und Arteriosklerose vorbeugt.
Außerdem enthalten Nüsse jede Menge natürliches **Vitamin E:** Das verjüngt Ihre Haut!
Übrigens: All die guten Eigenschaften sind auch in Nussölen enthalten. Marinieren Sie Ihren Salat ab und zu mit **Walnuss- oder Erdnussöl!**

schmeckt immer **Schnitzelsandwich**

(im Bild vorne)

Für 2 Personen:
2 kleine Schweineschnitzel (à 100 g)
Salz / Pfeffer
1 TL Kümmel
1 EL Öl
75 g Kirschtomaten
1 EL Aceto balsamico
2 Blätter Eisbergsalat
2 Scheiben Roggenbrot (à 60 g)
1/2 Bund Basilikum

Zubereitungszeit: ca. 10 Min.
Pro Portion: 300 kcal

1 Die Schweineschnitzel leicht flach klopfen, salzen und pfeffern. Jeweils eine Seite mit Kümmel bestreuen und die Körner fest andrücken.

2 Das Öl in einer beschichteten Pfanne erhitzen und die Schnitzel mit der Kümmelseite zuerst goldgelb anbraten. Dann wenden und auf der anderen Seite fertig braten.

3 Inzwischen die Kirschtomaten waschen, gut abtropfen lassen, würfeln, salzen und pfeffern und mit dem Essig beträufeln. Die Salatblätter waschen, gut trockenschütteln und auf die Brotscheiben legen. Die Schnitzel darauf legen und die Tomaten obenauf verteilen.

4 Basilikum waschen und trockenschütteln. Die Blätter in Streifen schneiden und die Brote damit bestreuen.

Tauschbörse

Noch feiner schmeckt das Sandwich, wenn Sie es mit **Schweinefilet** zubereiten: Ungefähr 12 cm von der dickeren Seite des Schweinefilets abschneiden und von Sehnen und sichtbarem Fett befreien. In 4 Scheiben schneiden, vorsichtig flach drücken, würzen und wie im Rezept angegeben anbraten.

ganz einfach **Pumpernickel mit Putenbrust**

(im Bild hinten)

Für 2 Personen:
80 g Frischkäse (20 % Fett i. Tr.)
Salz / Cayennepfeffer
1 gelbe Paprikaschote
4 Scheiben Pumpernickel
100 g Putenbrust-Aufschnitt
100 g Radieschen

Zubereitungszeit: ca. 10 Min.
Pro Portion: 300 kcal

1 Den Frischkäse in einer kleinen Schüssel glatt rühren und mit Salz und Cayennepfeffer pikant abschmecken.

2 Die Paprikaschote waschen, putzen, in kleine Würfel schneiden und mit dem Frischkäse vermengen.

3 2 Scheiben Pumpernickel mit der Hälfte des Käses bestreichen, die beiden anderen Brotscheiben darauf legen und den restlichen Käse darauf verstreichen. Mit der Putenbrust belegen. Die Radieschen waschen, putzen, in Scheiben schneiden und die Brote damit dekorieren.

Tauschbörse

An Stelle von Putenbrust-Aufschnitt können Sie auch **frische Putenbrust** nehmen. 1 kleines **Putenschnitzel** (etwa 100 g) vorsichtig flach klopfen, halbieren und mit Salz und Pfeffer würzen. Eine beschichtete Pfanne hauchdünn mit Öl bepinseln und das Fleisch von beiden Seiten scharf anbraten.

knackig **Fenchel-Orangen-Salat**

Für 2 Personen:
1 kleine Fenchelknolle (200 g)
2 EL Zitronensaft
2 TL Meerrettich (aus dem Glas)
Salz / Pfeffer
1 EL Olivenöl
1 Orange
75 ml saure Sahne
1 Vollkornbrötchen

Zubereitungszeit: ca. 15 Min.
Marinierzeit: 15 Min.
Pro Portion: 296 kcal

1 Die Fenchelknolle waschen, putzen und in Blätter zerteilen. Die äußeren Blätter – wenn nötig – dünn schälen. In sehr feine Streifen schneiden. Das Fenchelgrün fein hacken.

2 Für die Marinade in einer Schüssel Zitronensaft, Meerrettich, Salz, Pfeffer und Olivenöl mit einem Schneebesen glatt rühren.

3 Die Orange so schälen, dass keine weiße Haut übrig bleibt. Mit einem scharfen, kleinen Messer die Orangenfilets aus den Trennhäutchen lösen. Auf einem flachen Teller arbeiten und den ausgetretenen Saft zur Marinade geben. Fenchel und Orangenfilets mit der Marinade vermischen und 15 Min. ziehen lassen. Die saure Sahne mit Salz und Pfeffer abschmecken und das gehackte Fenchelgrün einrühren.

4 Den Salat auf zwei Teller verteilen und die Fenchelsahne in die Mitte setzen. Das Vollkornbrötchen halbieren und getrennt dazureichen.

asiatisch

Reissalat mit Ingwer und Aprikosen

Für 2 Personen:
80 g Basmatireis | 200 ml Gemüsebrühe
4 Stängel Frühlingszwiebeln
10 g frischer Ingwer | 3 EL Zitronensaft
Salz | Pfeffer | 50 g Sprossenmix
1 Bund frisches Koriandergrün
100 g reife Aprikosen

Zubereitungszeit: ca. 30 Min.
Pro Portion: 299 kcal

1 Den Reis in ein Sieb geben, unter fließendem kaltem Wasser abspülen. In der Gemüsebrühe ein Mal aufkochen lassen und zugedeckt bei milder Hitze nach Packungsanleitung quellen lassen, bis nahezu alle Flüssigkeit aufgesogen ist. Offen ausdampfen und abkühlen lassen.

2 Inzwischen die Frühlingszwiebeln waschen, putzen und in schmale Ringe schneiden. Ingwer schälen und in winzige Würfelchen schneiden. Frühlingszwiebeln und Ingwerwürfel in eine Schüssel geben, mit dem Zitronensaft beträufeln und mit Salz und Pfeffer würzen. Den gegarten Reis unterheben.

3 Die Sprossen grob hacken und mit dem Reis vermischen. Koriandergrün waschen, trockenschütteln und die Blätter abzupfen.

4 Die Aprikosen waschen, trockentupfen, in Spalten schneiden und auf dem Reissalat anrichten. Mit dem Koriander bestreuen und servieren.

Besonders clever!

Sie können den Salat gut 2–3 Stunden vor dem Verzehr zubereiten. Das Ingweraroma entwickelt sich so intensiver. Frisches Koriandergrün lässt sich in kleinen Gefriebeuteln wunderbar einfrieren. So haben Sie immer exotische Frische zur Hand.

würzig Lauchsalat mit Tunfisch

Für 2 Personen:
Salz / 1 dicke oder 2 dünne Stangen Lauch (200 g geputzt gewogen)
150 g Tomaten / 1 Zitrone / 1 kleine rote Zwiebel
1 Dose Tunfisch im eigenen Saft (150 g)
Pfeffer / 2 Scheiben Knäckebrot

Zubereitungszeit: ca. 20 Min.
Pro Portion: 300 kcal

1 Reichlich Salzwasser zum Kochen bringen. Den Lauch ohne die dunkelgrünen, harten Enden längs tief einschneiden und unter fließendem kaltem Wasser gründlich waschen. Die Lauchstangen mit Küchengarn zusammenbinden. Die Tomaten kurz im kochenden Salzwasser blanchieren, mit einem Schaumlöffel herausnehmen und etwas abkühlen lassen. Die Lauchstangen im Salzwasser 5 Min. weich kochen.

2 Inzwischen die Tomaten häuten, die Stielansätze herausschneiden, die Kerne entfernen und das Fruchtfleisch in kleine Würfel schneiden. Die Zitrone so schälen, dass keine weiße Haut übrig bleibt und mit einem scharfen Messer die Filets aus den Trennhäuten lösen. Die Zwiebel schälen und fein würfeln.

3 Zwiebel, Zitronenstücke, Tomaten und Tunfisch in eine Schüssel geben, gut vermischen und kurz ziehen lassen.

4 Den Lauch mit einem Schaumlöffel aus dem Salzwasser nehmen, etwas abkühlen lassen und in etwa 2 cm lange Stücke schneiden. Noch warm unter den Salat mischen und kräftig mit Salz und Pfeffer abschmecken. Das Knäckebrot getrennt dazureichen.

fix angemacht

Erdbeersalat mit Harzer Käse

Für 2 Personen:
80 g Eisbergsalat
200 g frische, reife Erdbeeren
125 g Harzer Käse
2 EL Aceto balsamico
1 TL Senf
Salz | Pfeffer
1 EL Olivenöl
2 kleine Scheiben Vollkornbrot (à 50 g)

Zubereitungszeit: ca. 10 Min.
Pro Portion: 298 kcal

1 Den Eisbergsalat waschen, gut abtropfen lassen und in mundgerechte Stücke zupfen. Auf zwei Teller verteilen.

2 Die Erdbeeren waschen, entstielen, in Scheiben schneiden und auf dem Salat verteilen. Den Käse in dünne Scheiben schneiden und auf den Salat geben.

3 Den Essig mit Senf, Salz und Pfeffer glatt rühren, dann das Öl einrühren. Die Marinade über den Salat geben und mit den Brotscheiben servieren.

Tauschbörse

Statt einer Scheibe Vollkornbrot können Sie auch pro Portion zwei Scheiben **Knäckebrot** dazu essen. An der Kalorienzahl ändert sich dabei so gut wie nichts. Eine Scheibe Knäckebrot – je nach Sorte – hat zwischen 40 und 50 kcal. Den Salat können Sie auch Gästen als **Vorspeise** reichen. Sie werden sehen, Ihre Gäste werden diese pikante Mischung lieben.

frisch **Römersalat mit Melone**

(im Bild hinten)

Für 2 Personen:
20 g Cashewkerne / 4 getrocknete Aprikosen
2 Köpfchen Römersalat-Herzen (200 g)
3 EL weißer Aceto balsamico / Salz
weißer Pfeffer, frisch gemahlen / 1 EL Rapsöl
1 Stück Wassermelone (300 g geputzt gewogen)
2 frische Aprikosen (150 g)
30 g Sprossen
(z. B. Mungo- oder Alfalfasprossen)

Zubereitungszeit: ca. 20 Min.
Pro Portion: 300 kcal

1 Die Cashewkerne in einer beschichteten Pfanne ohne zusätzliches Fett rösten. Die getrockneten Aprikosen in kleine Würfelchen schneiden. Den Salat in Blätter teilen, waschen, trockenschleudern und in eine große Schüssel geben.

2 Aus Essig, Salz, Pfeffer und Rapsöl eine Marinade bereiten, die Aprikosenwürfel einrühren und mit dem Salat vermischen. Die Wassermelone entkernen und in etwa 1,5 cm große Würfel schneiden. Die frischen Aprikosen waschen, abtrocknen, die Kerne entfernen und in schmale Spalten schneiden. Melone, Aprikosenspalten und Sprossen mit dem Salat vermischen. Mit den gerösteten Cashewkernen bestreut servieren.

knackig **Gurken-Sprossensalat**

(im Bild rechts)

Für 2 Personen:
350 g Salatgurke / 125 g Sojasprossen
100 g fettarmer Joghurt / 2 EL Zitronensaft
2 EL Walnussöl / Salz / Pfeffer
2 Scheiben Pumpernickel

Zubereitungszeit: ca. 10 Min.
Pro Portion: 299 kcal

1 Salatgurke schälen, längs halbieren und in dünne Scheiben schneiden. Sojasprossen waschen, abtropfen lassen und grob hacken. Gurken und Sprossen in einer Schüssel mischen.

2 Joghurt mit Zitronensaft glatt rühren, das Öl unterrühren und mit Salz und Pfeffer abschmecken. Die Sauce über den Salat gießen. Auf zwei Teller verteilen, Pumpernickel dazureichen.

raffiniert **Bohnensalat mit Sellerie**

(im Bild vorne)

Für 2 Personen:
1 kleine Packung weiße Bohnen
(230 g Abtropfgewicht)
250 g Staudensellerie
1 Bund Frühlingszwiebeln
2 EL gehackte Walnüsse
3 EL weißer Aceto balsamico
1 TL Senf
Salz / Pfeffer
1 EL Walnussöl
2 Scheiben Knäckebrot

Zubereitungszeit: ca. 10 Min.
(+ 15 Min. Marinierzeit)
Pro Portion: 299 kcal

1 Die Bohnen durch ein Sieb abgießen und unter fließendem kaltem Wasser abspülen. Die Selleriestängel putzen, waschen und in feine Scheiben schneiden. Die Frühlingszwiebeln längs vierteln, waschen, putzen und in kleine Stücke schneiden. Bohnen, Sellerie, Frühlingszwiebeln und Walnüsse gut vermischen.

2 Den Essig mit dem Senf verquirlen, mit Salz und Pfeffer würzen und das Öl mit einem kleinen Schneebesen etwas unterrühren. Mit dem Salat vermischen und 15 Min. durchziehen lassen. Das Knäckebrot dazu essen.

schön knackig Zucchinistifte mit Nüssen und Joghurt

(im Bild unten)

Für 2 Personen:
500 g Zucchini
20 Walnuss- oder Pecannusskerne
2 EL Rapsöl
1 EL frische Thymianblättchen
150 g fettarmer Joghurt
1 EL Limettensaft / Salz / Pfeffer
25 entsteinte, schwarze Oliven
1 Scheibe Pumpernickel

Zubereitungszeit: ca. 20 Min.
+ 30 Min. Abkühlzeit
Pro Portion: 297 kcal

1 Die Zucchini waschen, putzen und in etwa 3 cm lange, dünne Stifte schneiden. Die Nusskerne grob hacken und in einer beschichteten Pfanne ohne zusätzliches Fett rösten. Herausnehmen und beiseite stellen.

2 Das Öl in der Pfanne erhitzen und die Zucchinistifte unter Rühren hellgelb anbraten. In eine Schüssel geben, mit den Thymianblättchen vermischen und auf Zimmertemperatur abkühlen lassen. Den Joghurt unterrühren und mit Limettensaft, Salz und Pfeffer pikant abschmecken.

3 Vor dem Servieren die Oliven in Scheiben schneiden und unterheben. Die Scheibe Pumpernickel halbieren und getrennt dazureichen oder zerbröseln und darüber streuen. Die Nüsse über die Zucchini geben.

Clever zubereiten

Zum Mitnehmen können Sie die Zucchinistifte schon am Vorabend zubereiten und in einer gut verschließbaren Box im Kühlschrank aufbewahren. Die Oliven aber erst kurz vor dem Essen dazugeben – sie verfärben sonst den Joghurt.

orientalisch Taboulé

(im Bild oben)

Für 2 Personen:
90 g Couscous
2 EL Olivenöl
Saft von 1 Zitrone
250 g Tomaten
1 rote Zwiebel
3 EL fein gehackte Petersilie
Salz / Pfeffer
3 EL fein gehackte Minzeblättchen

Zubereitungszeit: ca. 15 Min.
Quellzeit: 2 Std.
Pro Portion: 297 kcal

1 Den Couscous in eine Schüssel geben und mit dem Olivenöl und dem Zitronensaft vermischen. Die Tomaten heiß überbrühen, häuten, die Stielansätze herausschneiden und das Fruchtfleisch würfeln. Die Zwiebel schälen und fein würfeln. Tomaten, Zwiebel und Petersilie zum Couscous geben und gut verrühren.

2 Den Couscous zugedeckt mindestens 2 Std. ziehen lassen. Durch die Feuchtigkeit quillt der Couscous von selbst auf. Vor dem Essen mit Salz und Pfeffer abschmecken und mit der Minze bestreuen.

für Asiafans **Chinesisches Gemüse süßsauer**

(im Bild links)

Für 2 Personen:
1 Zwiebel
2 Scheiben frische Ananas (200 g)
1 rote Paprikaschote | 125 g Zuckerschoten
300 g Austernpilze | 3 EL Sojasauce
2 EL chinesischer Reisessig (ersatzweise Apfelessig)
1 EL Zucker | 1 TL Stärkemehl | 1 EL Rapsöl
2 Scheiben Baguette

Zubereitungszeit: ca. 20 Min.
Pro Portion: 300 kcal

1 Zwiebel schälen und klein würfeln. Ananasscheiben in Würfel schneiden. Die Paprikaschote waschen, putzen und in Streifen schneiden. Die Zuckerschoten waschen und schräg in etwa 1 cm breite Streifen schneiden. Die Austernpilze putzen, die harten Stiele entfernen. Kleinere Pilze ganz lassen, die größeren halbieren oder vierteln. Sojasauce, Essig, Zucker und Stärkemehl mit etwas Wasser glatt rühren.

2 Das Öl in einem Wok oder einer großen Pfanne stark erhitzen und die Zwiebelwürfel glasig dünsten. Paprika, Zuckerschoten und Ananas dazugeben und 2 Min. pfannenrühren. Dann die Pilze in die Pfanne geben und kurz mitbraten. Mit der Sauce aufgießen und gut durchrühren, bis alle Zutaten mit der Sauce überzogen sind und schön glänzen.

3 Das Gemüse abkühlen lassen und zum Mitnehmen in eine gut verschließbare Box geben. Das Baguette getrennt dazureichen.

Clever zubereiten

Sie können das süßsaure Gemüse auch schon am Vorabend zubereiten. Es hält sich gut im Kühlschrank.

knackig **Sprossensalat mit Glasnudeln**

(im Bild rechts)

Für 2 Personen:
100 g Glasnudeln (Asialaden) | 1 Möhre (125 g)
1 Bund Frühlingszwiebeln
200 g Mungobohnensprossen
2 EL chinesischer Reisessig (ersatzweise Apfelessig)
1 EL Sesamöl | Salz | Pfeffer
1/2 Bund Koriandergrün

Zubereitungszeit: ca. 20 Min.
Pro Portion: 297 kcal

1 Die Glasnudeln in eine Schüssel geben, mit kaltem Wasser bedecken und 15 Min. ziehen lassen, bis sie durchsichtig und weich sind.

2 Inzwischen die Möhre schälen, putzen und in 5 cm lange, feine Streifen schneiden. Die Frühlingszwiebeln waschen, putzen, längs vierteln und in 5 cm lange Stifte schneiden. Möhren und Zwiebeln mit den Sprossen vermischen. Essig und Sesamöl mit Salz und Pfeffer verquirlen und den Salat damit beträufeln.

3 Die Glasnudeln durch ein Sieb abgießen, mit einem scharfen Messer in 5 cm lange Stücke schneiden und unter den Salat heben. Koriandergrün waschen, trockenschütteln, die Blättchen abzupfen und über den Salat streuen.

Besonders clever!

***Glasnudeln** sind dünne, fast durchsichtige Nudeln aus gemahlenen Sojabohnen. Sind sie aus Reismehl gemacht, heißen sie **Reisnudeln.** Beide schmecken gleich. Sie werden – wie in diesem Rezept – einfach eingeweicht. Man kann sie aber auch in heißem Öl knusprig frittieren oder in einer Suppe mitkochen.*

frisch Viktoriabarsch mit Orangenpaprika

Für 2 Personen:
1 Viktoriabarschfilet (400 g)
1 EL Zitronensaft
1 rote und 1 gelbe Paprikaschote
1 Orange
Salz | Pfeffer
1 EL Olivenöl
2 Zweige frischer Thymian

Zubereitungszeit: ca. 25 Min.
Pro Portion: 298 kcal

1 Das Fischfilet abspülen, gut trockentupfen, quer in 4 Teile schneiden und mit Zitronensaft beträufelt ziehen lassen.

2 Inzwischen die Paprikaschoten waschen, putzen und in Streifen schneiden. Die Orange halbieren, eine Hälfte auspressen, die andere Hälfte so schälen, dass keine weiße Haut übrig bleibt, das Fruchtfleisch aus den Trennhäutchen lösen und klein schneiden.

3 Die Fischstücke mit Küchenkrepp abtupfen, salzen und pfeffern. Das Olivenöl in einer beschichteten Pfanne erhitzen und den Fisch von beiden Seiten goldgelb anbraten. Herausnehmen und in Alufolie gewickelt warm stellen.

4 Die Paprikastreifen in das Bratfett geben und unter ständigem Rühren 2 Min. anbraten, bis sie etwas Farbe angenommen haben, aber noch bissfest sind. Die Orangenstücke und den Orangensaft dazugeben und sämig einkochen lassen. Mit Salz und Pfeffer abschmecken, auf zwei Tellern anrichten, den Fisch darauf legen und mit den Thymianzweigen dekoriert servieren.

raffiniert

Rotbarsch mit Zitronen-Zucchini

Für 2 Personen:
1/2 unbehandelte Zitrone
grobes Meersalz
2 Rotbarschfilets (à 200 g)
Salz / Pfeffer
400 g Zucchini
2 EL Olivenöl

Zubereitungszeit: ca. 20 Min.
Pro Portion 299 kcal

1 Die Zitrone heiß waschen. Ungeschält mit einem scharfen Messer in hauchdünne Scheiben schneiden. In eine kleine Schüssel geben, reichlich mit Meersalz bestreuen und mindestens 10 Min. ziehen lassen.

2 Inzwischen die Fischfilets von beiden Seiten salzen und pfeffern. Die Zucchini waschen, putzen, längs halbieren und in Scheiben schneiden.

3 Das Öl in einer beschichteten Pfanne erhitzen und die Fischfilets von beiden Seiten bei milder Hitze goldgelb anbraten. Herausnehmen und in Alufolie gewickelt warm stellen.

4 Die Zucchinischeiben in das Bratfett geben und 2 Min. unter ständigem Rühren anbraten. Mit 50 ml Wasser ablöschen und einkochen lassen. Die Zitronenscheiben mit Küchenkrepp trockentupfen und unter das Gemüse heben. Auf zwei Teller verteilen und die Fischfilets daneben anrichten.

Stylingtipp

Die Salz-Zitronen geben dem Zucchini-Gemüse zwar einen pfiffigen Geschmack, schöner sieht es aber aus, wenn Sie die **Zitronen** auf den Fischfilets verteilen.

scharf Riesengarnelen mit Zuckerschoten

Für 2 Personen:
250 g Zuckerschoten | Salz
250 g reife Tomaten
8 frische Riesengarnelen (200 g)
1 rote Chilischote
50 g Frühlingszwiebeln
2 EL Olivenöl
2 EL Zitronensaft
Pfeffer, frisch gemahlen

Zubereitungszeit: ca. 25 Min.
Pro Portion: 297 kcal

1 Die Zuckerschoten waschen und in reichlich Salzwasser 3 Min. blanchieren. Eiskalt abschrecken (so behalten sie ihre knackig grüne Farbe) und gut abtropfen lassen. Die Tomaten heiß überbrühen, häuten, die Stielansätze und Kerne entfernen und das Fruchtfleisch würfeln.

2 Die Riesengarnelen bis auf das Schwanzende schälen und den dunklen Darm an der Rückenseite entfernen.

3 Die Chilischote waschen, putzen, längs aufschlitzen, die Kerne herauskratzen, das Fruchtfleisch fein würfeln. Die Frühlingszwiebeln waschen, putzen und in feine Ringe schneiden.

4 Das Olivenöl in einer beschichteten Pfanne erhitzen und die Garnelen anbraten, bis sie schön rosa sind. Chiliwürfel und Zwiebelringe dazugeben und kurz anbraten. Die Zuckerschoten einrühren und zugedeckt 1 Min. dünsten lassen. Die Tomaten dazugeben und weitere 2 Min. zugedeckt dünsten. Den Zitronensaft darüber träufeln und kräftig mit Salz und Pfeffer würzen. Auf 2 vorgewärmten Tellern anrichten oder gleich in der Pfanne servieren.

für Gäste

Kabeljaufilets mit Tomatenreis

Für 2 Personen:
1–2 Knoblauchzehen
1 TL Rapsöl
2 EL Tomatenmark
80 g Naturreis
2 Kabeljaufilets (300 g)
1 TL Zitronensaft
2 reife Tomaten (etwa 250 g)
Salz / Pfeffer
2 TL Aceto balsamico
1 EL fein gehackte Petersilie

Zubereitungszeit: ca. 50 Min.
Pro Portion: 296 kcal

1 Die Knoblauchzehen schälen und fein hacken. Das Öl in einem mittelgroßen Topf erhitzen und Knoblauch und Tomatenmark etwa 2 Min anrösten. Den Reis einrühren, mit Wasser aufgießen und zugedeckt bei geringer Hitze 45 Min. quellen lassen.

2 Inzwischen die Kabeljaufilets mit Zitronensaft beträufeln und ziehen lassen. Die Tomaten mit heißem Wasser überbrühen, kalt abschrecken, enthäuten, entkernen und das Fruchtfleisch in kleine Würfel schneiden.

3 Kurz vor Ende der Garzeit die Tomatenwürfel unter den Reis mischen. Die Kabeljaufilets gut trockentupfen, salzen und pfeffern, auf den Reis legen und 5 Min. darauf zugedeckt dämpfen. Die Fischfilets auf zwei vorgewärmten Tellern anrichten, den Reis mit Salz, Pfeffer und Essig abschmecken und mit Petersilie bestreut servieren.

Besonders clever!

*Durch das kurze Anrösten in der Pfanne kann das **Tomatenmark** sein ganzes **Aroma** entwickeln. Dadurch schmeckt jedes Gericht wunderbar tomaten-fruchtig.*

Klassiker mal anders **Borschtsch mit Zanderfilet**

(im Bild links)

Für 2 Personen:
150 g Möhren / 150 g Lauch
100 g Kartoffeln / 2 Knoblauchzehen
50 g rote Linsen
500 ml Gemüsebrühe
100 g gekochte Rote Bete
50 g saure Sahne
1 EL fein gehacktes Bohnenkraut oder Thymian
Salz / Pfeffer
200 g Zanderfilet
2–3 EL Apfelessig

Zubereitungszeit: ca. 30 Min.
Pro Portion: 296 kcal

1 Die Möhren schälen, putzen und in feine, etwa 5 cm lange Streifen schneiden. Den Lauch putzen, längs halbieren, gründlich waschen und in 5 cm lange Streifen schneiden. Die Kartoffeln schälen, waschen und in Würfel schneiden. Die Knoblauchzehen schälen und klein würfeln.

2 Die Linsen in der Gemüsebrühe zum Kochen bringen, das vorbereitete Gemüse dazugeben und zugedeckt bei mittlerer Hitze 10 Min. köcheln lassen.

3 Inzwischen die Rote Bete in Stifte schneiden. Die saure Sahne mit dem Bohnenkraut (oder Thymian) verrühren und mit Salz und Pfeffer abschmecken. Das Zanderfilet halbieren, salzen und pfeffern.

4 Die Rote Bete in die Suppe rühren, den Fisch obenauf legen und zugedeckt weitere 5 Min. sanft köcheln lassen. Den Fisch auf zwei Suppentellern anrichten, die Suppe mit Salz, Pfeffer und Essig pikant abschmecken und auf dem Fisch anrichten. Die Kräutersahne dazureichen.

fein **Seelachs mit Möhrengemüse**

(im Bild rechts)

Für 2 Personen:
2 Seelachs-Koteletts (ersatzweise Kabeljau)
2 EL Zitronensaft
400 g Möhren
1 EL Olivenöl
150 ml Gemüsebrühe
2 EL fein gehackter frischer Estragon
Salz / Pfeffer
10 g Mehl
50 g saure Sahne

Zubereitungszeit: ca. 20 Min.
Pro Portion: 298 kcal

1 Die Seelachs-Koteletts mit 1 EL Zitronensaft beträufeln und ziehen lassen.

2 In der Zwischenzeit die Möhren schälen, putzen und in etwa 1,5 mm dicke Scheiben schneiden. Das Olivenöl in einem kleinen, hohen Topf erhitzen und die Möhrenscheiben unter ständigem Rühren 3 Min. anbraten. Mit der Gemüsebrühe aufgießen (die Möhren sollen gerade bedeckt sein) und den Estragon unterheben.

3 Die Fisch-Koteletts trockentupfen, salzen und pfeffern. Auf die Möhren legen und zugedeckt 12 Min. bei milder Hitze dämpfen. Den Fisch auf zwei vorgewärmten Tellern anrichten.

4 Das Mehl mit der sauren Sahne verquirlen und unter die Möhren heben. Möhren mit dem restlichen Zitronensaft, Salz und Pfeffer abschmecken und neben dem Fisch anrichten.

asiatisch inspiriert **Schweinefilet mit geschmorten Zucchini**

Für 2 Personen:
300 g Schweinefilet | Salz | Pfeffer
200 g braune Champignons
1 großer Zucchino (300 g)
10 g frischer Ingwer | 2 EL Rapsöl
1 EL fein geschnittenes Zitronengras
1 EL helle Sojasauce

Zubereitungszeit: ca. 25 Min.
Pro Portion: 299 kcal

1 Das Schweinefilet quer in sechs gleich große Scheiben schneiden. Mit der flachen Messerseite leicht platt drücken und von beiden Seiten salzen und pfeffern.

2 Die Champignons mit einer weichen Bürste putzen – nicht waschen, sonst verlieren sie ihr Aroma – die Stiele abschneiden und größere Köpfe halbieren. Den Zucchino waschen, putzen und schräg in etwa 1/2 cm breite Streifen schneiden. Ingwer schälen und fein würfeln.

3 Das Öl in einer beschichteten Pfanne erhitzen und die Filetscheiben von beiden Seiten in 5 Min. goldgelb anbraten. Herausnehmen und in Alufolie gewickelt warm stellen.

4 Ingwer und Zitronengras in das Bratfett geben, kurz durchrühren und die Zucchinistreifen dazugeben. Etwa 2 Min. mitbraten. Das Gemüse mit 75 ml Wasser ablöschen und zugedeckt 2 Min. schmoren lassen. Die Champignons dazugeben, mit Sojasauce beträufeln und weitere 2 Min. zugedeckt schmoren lassen. Die Filets auf das Gemüse legen, den ausgetretenen Saft dazugießen und offen ziehen lassen. In der Pfanne servieren.

mit Chilifeuer

Schweineschnitzel in scharfer Tomatensauce

Für 2 Personen:
500 g reife Tomaten
6 Frühlingszwiebeln
2 Knoblauchzehen
1/2 rote Chilischote
2 magere Schweineschnitzel (à 150 g)
Salz | Pfeffer
2 EL Rapsöl
2 EL Aceto balsamico

Zubereitungszeit: ca. 25 Min.
Pro Portion: 297 kcal

1 Die Tomaten mit heißem Wasser überbrühen, häuten, entkernen, das Fruchtfleisch würfeln. Die Frühlingszwiebeln waschen, putzen, längs halbieren und fein schneiden. Knoblauchzehen schälen und in winzige Würfel schneiden. Die Chilischote ebenfalls klein würfeln.

2 Die Schweineschnitzel gleichmäßig flach klopfen, salzen und pfeffern. Das Öl in einer beschichteten Pfanne erhitzen und die Schnitzel von beiden Seiten in 5 Min. goldgelb braten. Herausnehmen und in Alufolie gewickelt warm stellen.

3 Zwiebeln und Knoblauch in die Pfanne geben und unter Rühren goldgelb rösten. Tomaten und Chiliwürfel dazugeben, durchrühren und mit dem Essig ablöschen. Mit 100 ml Wasser aufgießen und in 5–10 Min. sämig einkochen lassen. Eventuell noch etwas Wasser nachgießen. Mit Salz und Pfeffer abschmecken, die Schnitzel wieder in die Pfanne geben und bei geringer Hitze noch 2 Min. ziehen lassen. Schnitzel auf zwei Tellern anrichten und mit dem Gemüse bedeckt servieren.

ganz einfach

Putenschnitzel mit Lauch und Paprika

Für 2 Personen:
1 dicke oder 2 kleine Lauchstangen (200 g)
1 gelbe Paprikaschote | 300 g Putenschnitzel
Salz | Pfeffer | 1 EL Rapsöl
1 TL getrockneter Majoran
Cayennepfeffer | 1 EL saure Sahne
2 EL gehackte Petersilie

Zubereitungszeit: ca. 20 Min.
Pro Portion: 294 kcal

1 Den Lauch putzen, längs halbieren und gründlich waschen. In etwa 1 cm breite Ringe schneiden. Die Paprikaschote waschen, putzen und in Streifen schneiden. Die Putenschnitzel gleichmäßig flach klopfen, salzen und pfeffern.

2 Das Öl in einer beschichteten Pfanne erhitzen und die Putenschnitzel von beiden Seiten jeweils etwa 3 Min. goldgelb braten. Herausnehmen und in Alufolie gewickelt warm stellen.

3 Lauchringe und Paprikastreifen in das Bratfett geben und unter ständigem Rühren 3 Min. anbraten. Mit 100 ml Wasser ablöschen und die Gewürze einrühren. Etwa 3 Min. einkochen lassen, dann vom Herd nehmen und die saure Sahne einrühren. Nicht mehr kochen lassen! Mit Salz abschmecken, auf zwei Tellern anrichten und die Putenschnitzel obenauf legen. Mit der Petersilie bestreuen.

Tauschbörse

Statt Lauch können Sie auch frische **Ananas** mit der Paprika mischen. Einfach 3 Scheiben in Würfel schneiden und zum Gemüse geben. Eine tolle Alternative zu Petersilie ist frisches **Koriandergrün.**

für Gäste Hirschragout mit Möhren und Kartoffeln

Für 4 Personen:
200 g Zwiebeln
500 g Möhren
400 g Kartoffeln
500 g Hirschgulasch
2 EL Rapsöl
Salz / Pfeffer
4 Knoblauchzehen
1 EL abgeriebene Schale von 1 unbehandelten Zitrone
1 EL frische Thymianblättchen

Zubereitungszeit: ca. 30 Min.
Schmorzeit: 2,5 Std.
Pro Portion: 300 kcal

1 Den Backofen auf 180° vorheizen. Die Zwiebeln schälen und in Scheiben schneiden. Die Möhren putzen, waschen und in etwa 2 cm dicke Scheiben schneiden. Die Kartoffeln schälen, waschen und in etwa 2 x 2 cm große Würfel schneiden. Das Gulaschfleisch in mundgerechte Stücke schneiden.

2 Das Öl in einem beschichteten, ofenfesten Topf stark erhitzen. Die Zwiebelringe unter ständigem Rühren glasig dünsten. Das Fleisch dazugeben und leicht bräunen lassen. Die Kartoffeln und Möhren unterrühren und mit 500 ml Wasser aufgießen. Fleisch und Gemüse sollen gerade bedeckt sein. Mit Salz und Pfeffer würzen.

3 Zugedeckt im vorgeheizten Backofen (Mitte, Umluft 160°) 1 1/2 Std. schmoren lassen. Dann eine weitere Stunde offen schmoren lassen, damit die Flüssigkeit verdunsten kann. Dabei öfter umrühren.

4 Die Knoblauchzehen schälen, fein hacken und mit der Zitronenschale und dem Thymian vermischen. Vor dem Servieren das Hirschragout damit bestreuen.

herbstlich Lammfilet mit Mangold

(im Bild vorne)

Für 2 Personen:
2 EL Zitronensaft / 4 TL Rapsöl
Salz / Pfeffer / 200 g Lammfilet
2 kleine Zweige frischer Rosmarin
1 Staude Mangold (500 g)
1 rote Zwiebel / 2 Knoblauchzehen
1 EL Butter oder Margarine
100 ml Wasser oder Gemüsebrühe

Zubereitungszeit: ca. 25 Min.
Marinierzeit: 2 Std.
Pro Portion: 297 kcal

1 Aus Zitronensaft, 1 TL Rapsöl, Salz und Pfeffer in einer flachen Schüssel eine Marinade rühren. Die Lammfilets darin wenden, die Rosmarinzweige darauf legen und zugedeckt 2 Std. ziehen lassen.

2 Den Mangold putzen, waschen und gut trocknen. Die harten, weißen Stiele in 1/2 cm dicke Streifen schneiden, die grünen Blätter grob hacken. Die Zwiebel schälen und in feine Ringe schneiden. Die Knoblauchzehen schälen und klein würfeln.

3 Margarine oder Butter in einer hohen beschichteten Pfanne erhitzen. Zwiebel und Knoblauch glasig dünsten, dann die geschnittenen Mangoldstiele dazugeben und unter ständigem Rühren 3–4 Min. anbraten, bis sie bissfest sind. Die Blätter in die Pfanne geben, mit 100 ml Wasser oder Gemüsebrühe aufgießen und rühren, bis die Blätter zusammengefallen sind. Mit Salz und Pfeffer abschmecken und warm stellen.

4 Die Lammfilets aus der Marinade nehmen und mit Küchenkrepp trockentupfen. Das restliche Öl in einer beschichteten Pfanne erhitzen und das Fleisch mit der restlichen Marinade von beiden Seiten 2 Min. anbraten. Die Rosmarinzweige dazu in die Pfanne geben. Das Mangoldgemüse auf zwei Tellern anrichten, die Lammfilets daneben setzen.

deftig Rinderlende mit Sauerkraut

(im Bild hinten)

Für 2 Personen:
1 Zwiebel / 1 Scheibe Rinderlende (200 g)
1 große Kartoffel (160 g) / 1 EL Rapsöl
4 Wacholderbeeren
1 Lorbeerblatt / 1 TL Kümmel
250 g frisches Sauerkraut
Salz / Pfeffer
Muskatnuss, frisch gerieben
100 g blaue und weiße Weintrauben

Zubereitungszeit: ca. 55 Min.
Pro Portion: 297 kcal

1 Die Zwiebel schälen und in feine Ringe schneiden. Die Rinderlende waschen, trockentupfen und in etwa 1 cm große Würfel schneiden. Die Kartoffel schälen, waschen und grob raspeln.

2 Das Öl in einem beschichteten Topf erhitzen und die Zwiebel und das Fleisch scharf anbraten. Mit 150 ml Wasser ablöschen. Die Wacholderbeeren mit einem flachen Messer zerdrücken. Mit dem Lorbeerblatt und dem Kümmel in den Topf geben. Die geraspelten Kartoffeln dazugeben. Das Sauerkraut mit einer Gabel zerteilen und einrühren. 40 Min. bei mittlerer Hitze zugedeckt dämpfen, bis nahezu keine Flüssigkeit mehr im Topf ist. Mit Salz, Pfeffer und Muskatnuss abschmecken.

3 Die Weintrauben schälen, halbieren, die Kerne entfernen. Das Sauerkraut mit dem Fleisch auf zwei Teller verteilen und mit den Weintrauben bestreut servieren.

pikant **Überbackene grüne Bohnen mit Tomatensauce**

(im Bild hinten)

Für 2 Personen:
500 g grüne Bohnen | Salz
400 g Tomaten
1 mittelgroße Zwiebel
2–3 Knoblauchzehen
2 EL Olivenöl
2 EL Tomatenmark
2 kleine Zweige frischer Rosmarin
1 EL Sardellenpaste | Pfeffer
40 g Parmesan, frisch gerieben

Zubereitungszeit: ca. 35 Min.
Pro Portion: 299 kcal

1 Die Bohnen putzen, waschen und in reichlich Salzwasser 10–15 Min. kochen, bis sie bissfest sind. Den Backofen auf 200° vorheizen.

2 Inzwischen die Tomaten heiß überbrühen, häuten und die Stielansätze herausschneiden. Das Fruchtfleisch mit den Kernen würfeln. Die Zwiebel und die Knoblauchzehen schälen und klein würfeln.

3 Das Olivenöl in einem beschichteten Topf erhitzen und Zwiebel und Knoblauch goldgelb anbraten. Das Tomatenmark dazugeben, kurz rösten, die gewürfelten Tomaten einrühren. Mit 100 ml Wasser aufgießen, die Rosmarinzweige hineinlegen und zugedeckt etwa 8 Min. köcheln lassen. Die Rosmarinzweige herausnehmen, die Sardellenpaste einrühren, mit Salz und Pfeffer kräftig abschmecken.

4 Die Bohnen durch ein Sieb abgießen, kalt abschrecken und in zwei feuerfeste Formen verteilen. Die Tomatensauce darübergeben, mit Parmesan bestreuen und 10 Min. im vorgeheizten Backofen (Mitte, Umluft 180°) überbacken. In den Formen servieren.

Clever genießen

Wer Sardellenpaste absolut nicht mag, kann sie natürlich weglassen und spart dabei 10 kcal pro Portion. Aber keine Angst: Das Gericht schmeckt keineswegs »fischig« – die Sardellen verstärken ganz diskret das gesamte Aroma und machen die Bohnen zu etwas Besonderem.

ganz einfach **Kidneybohnen mit Austernpilzen**

(im Bild vorne)

Für 2 Personen:
1 große Kartoffel (100 g) | 2 Schalotten
1 Dose Kidneybohnen (230 g Abtropfgewicht)
2 EL Rapsöl
1 TL getrockneter Thymian
200 g Austernpilze | 2 EL saure Sahne
frischer Thymian nach Belieben

Zubereitungszeit: ca. 20 Min.
Pro Portion: 296 kcal

1 Kartoffel schälen, waschen und in etwa 1 cm große Würfel schneiden. Die Schalotten schälen und fein würfeln. Die Kidneybohnen durch ein Sieb abgießen und mit kaltem Wasser abspülen.

2 Das Öl in einem beschichteten Topf erhitzen und die Schalottenwürfel goldgelb anbraten. 200 ml Wasser dazugeben, Kidneybohnen, Kartoffelwürfel und Thymian einrühren und zugedeckt bei mittlerer Hitze 10 Min. köcheln lassen, bis die Kartoffeln weich sind.

3 Inzwischen die Austernpilze putzen und in mundgerechte Stücke schneiden. Die Pilze zu den Bohnen geben und 3 Min. zugedeckt garen lassen. Thymian waschen, trockenschütteln und die Blätter abzupfen. Die saure Sahne einrühren, nicht mehr kochen lassen, auf zwei Teller verteilen und mit den Thymianblättchen dekoriert servieren.

nix Kohlsuppe – wir schlemmen italienisch

Minestrone

(im Bild vorne)

Für 6 Personen:

200 g getrocknete Borlottibohnen (ersatzweise weiße Bohnen)
je 200 g Kartoffeln, Möhren, Lauch, Staudensellerie, Zucchini und Tomaten
1 kleine Zwiebel | 2 EL Olivenöl
150 g Nudeln (z. B. Schmetterlings- oder Muschelnudeln)
Salz | Pfeffer
60 g Parmesan, frisch gerieben (pro Portion 1 EL)

Zubereitungszeit: ca. 70 Min.
(ohne Einweichzeit)
Pro Portion: 300 kcal

1 Die getrockneten Bohnen 8 Std. in reichlich Wasser einweichen.

2 Kartoffeln und Möhren schälen, waschen und in etwa 1,5 cm große Würfel schneiden. Lauch längs aufschlitzen, gründlich waschen und in 2 cm lange Ringe schneiden. Staudensellerie dünn abschälen und in 2 cm lange Stücke schneiden. Die Zucchini waschen, putzen und würfeln. Die Tomaten heiß überbrühen, häuten, die Stielansätze entfernen und in Spalten schneiden. Die Zwiebel schälen und in feine Ringe schneiden.

3 2 Liter Wasser mit dem Öl zum Kochen bringen. Die eingeweichten Bohnen durch ein Sieb abgießen und 15 Min. sprudelnd kochen lassen. Das vorbereitete Gemüse – mit Ausnahme der Tomaten – dazugeben und zugedeckt bei milder Hitze 30 Min. köcheln lassen. Die Tomaten dazugeben und weitere 10 Min. köcheln lassen. Die Nudeln einrühren und je nach Packungsanleitung 5–7 Min. bissfest kochen. Mit Salz und Pfeffer abschmecken, auf Teller verteilen und jede Portion mit 1 EL frisch geriebenem Parmesan bestreut servieren.

Besonders clever!

Über diesen kalorienarmen italienischen Klassiker freuen sich auch Ihre Gäste. Sie können die übrigen Portionen der Minestrone aber auch aufgewärmt genießen (schmeckt fast noch besser) oder portionsweise einfrieren.

cremig

Sahnebohnen mit Pfifferlingen

(im Bild hinten)

Für 2 Personen:

2 Schalotten
1 kleine Dose Pfifferlinge (165 g Abtropfgewicht)
2 EL Rapsöl | 2 EL gehackte Petersilie
1 Glas junge grüne Bohnenkerne (215 g Abtropfgewicht)
75 ml Gemüsebrühe
Salz | Pfeffer, frisch gemahlen
3 EL Kaffeesahne (10 % Fett)

Zubereitungszeit: ca. 20 Min.
Pro Portion: 300 kcal

1 Die Schalotten schälen und fein würfeln. Die Pfifferlinge durch ein Sieb abgießen und gut abtropfen lassen.

2 Das Öl in einer hohen beschichteten Pfanne erhitzen. Schalottenwürfel und die gehackte Petersilie goldgelb anschwitzen. Die Pfifferlinge dazugeben und unter gelegentlichem Rühren 3 Min. anbraten.

3 Die Bohnenkerne durch ein Sieb abgießen und dazugeben. Mit der Brühe aufgießen und etwa 5 Min. einkochen lassen. Mit Salz und Pfeffer abschmecken, vom Herd nehmen und die Sahne einrühren. Auf zwei Teller verteilen und mit der restlichen Petersilie bestreut servieren.

mediterran Überbackener Fenchel

Für 2 Personen:
3 mittelgroße Fenchelknollen (600 g)
1 unbehandelte Zitrone | Salz
1 kleine Zwiebel
1 Knoblauchzehe
2 EL gehackte Petersilie
25 g Parmesan, fein gerieben
20 g Semmelbrösel
2 EL Olivenöl
Pfeffer, frisch gemahlen
1 Dose geschälte Tomaten (400 g)

Zubereitungszeit: ca. 45 Min.
Pro Portion 298 kcal

1 Den Backofen auf 200° vorheizen. Die äußeren Blätter der Fenchelknollen dünn abschälen, putzen und das Fenchelgrün beiseite legen. Die Knollen längs halbieren. Die Zitrone in Scheiben schneiden. Salzwasser mit den Zitronenscheiben zum Kochen bringen und die Fenchelknollen darin 10 Min. blanchieren. Herausnehmen und gut abtropfen lassen.

2 Inzwischen die Zwiebel und die Knoblauchzehe schälen. Zwiebel, Knoblauch und Fenchelgrün fein hacken. Mit Petersilie, Parmesan, Semmelbrösel und Olivenöl gut vermischen. Mit Salz und Pfeffer würzen.

3 Die Tomaten aus der Dose in eine feuerfeste Form geben und mit einer Gabel grob zerdrücken. Die abgetropften Fenchelknollen mit den Schnittflächen nach unten auf die Tomaten legen und mit der Kräuter-Parmesan-Paste bestreichen. Offen im vorgeheizten Backofen (Mitte, Umluft 180°) 25–30 Min. backen, bis die Kruste knusprig ist.

kleiner Luxus **Vanillemöhren**

Für 2 Personen:
2 EL Rosinen
2 EL Pinienkerne
1 Vanilleschote
600 g Möhren
150 g Zwiebeln
2 EL Rapsöl
50 g Frischkäse
Salz / Pfeffer

Zubereitungszeit: ca. 20 Min.
Pro Portion: 300 kcal

1 Die Rosinen in lauwarmem Wasser einweichen. Die Pinienkerne in einer beschichteten Pfanne ohne Fett goldgelb rösten und beiseite stellen.

2 Die Vanilleschote längs aufschlitzen und das Mark herauskratzen. Die Schote zur Seite legen. Die Möhren schälen, putzen, waschen und schräg in schmale Scheiben schneiden. Die Zwiebeln schälen und in kleine Würfel schneiden.

3 Das Rapsöl in einem beschichteten Topf erhitzen und die Zwiebelwürfel unter ständigem Rühren goldgelb anbraten. Die Möhren dazugeben und mit 100 ml Wasser aufgießen.

4 Das Vanillemark und die Schote einrühren und das Ganze zugedeckt 10 Min. bei mittlerer Hitze dünsten lassen, bis die Möhren weich, aber noch bissfest sind. Die Vanilleschote herausfischen und wegwerfen. Den Frischkäse einrühren, mit Salz und Pfeffer abschmecken, die Rosinen unterheben und mit den Pinienkernen bestreut servieren.

Clever genießen

Dazu passen kurzgebratene **Lammkoteletts** oder ein Filet vom **Reh** oder **Hirsch**. Ein toller Hauptgang für Gäste.

schnell Vollkornspaghetti mit Austernpilzen

(im Bild hinten)

Für 2 Personen:
140 g Vollkornspaghetti / Salz
200 g Austernpilze
1/2 Bund Rucola
2 Knoblauchzehen
1 EL Rapsöl / Pfeffer
2 EL helle Sojasauce
1 TL abgeriebene Schale von 1 unbehandelten Zitrone

Zubereitungszeit: ca. 15 Min.
Pro Portion: 300 kcal

1 Die Vollkornspaghetti in reichlich Salzwasser nach Packungsanleitung »al dente« kochen.

2 Inzwischen die Austernpilze mit einer weichen Bürste putzen, die harten Stiele entfernen und in etwa 1 cm große Würfel schneiden. Den Rucola waschen, trockenschütteln und grob hacken. Die Knoblauchzehen schälen und durch eine Knoblauchpresse drücken.

3 Das Rapsöl in einer beschichteten Pfanne erhitzen, Knoblauch und Pilzwürfel hineingeben und unter ständigem Rühren 2 Min. leicht anbraten. Vom Herd nehmen mit Salz, Pfeffer und Sojasauce würzen.

4 Die Nudeln durch ein Sieb abgießen und gut abtropfen lassen. Mit den Austernpilzen und dem Rucola vermischen, auf zwei Teller geben und mit der Zitronenschale bestreut servieren.

Variante

Eine preiswerte Blitzvariante gibt diese **Tomatensauce:** 250 g reife Tomaten, 1 kleiner Zucchino (150 g), 2 Knoblauchzehen, 1 TL Olivenöl, 2 EL Aceto balsamico, Pfeffer, 2 EL gehackte Basilikumblätter. Tomaten und Zucchino waschen und putzen. Tomaten in Würfel, Zucchino in Scheiben schneiden. Den Knoblauch durchpressen und zusammen mit den Zucchinischeiben 2 Min. anbraten. Tomatenwürfel, Essig und 50 ml Wasser dazugeben und kurz einkochen lassen. Mit Salz und Pfeffer abschmecken, mit den gekochten Nudeln vermischen und mit Basilikum bestreut servieren.

cremig Vollkornspaghetti mit Joghurt-Spinat

(im Bild vorne)

Für 2 Personen:
200 g TK-Spinat
140 g Vollkornnudeln
Salz / 1 Zwiebel
2 Knoblauchzehen
1 TL Rapsöl / Pfeffer
Muskatnuss, frisch gerieben
50 g fettarmer Joghurt

Zubereitungszeit: ca. 15 Min. (ohne Auftauzeit)
Pro Portion: 300 kcal

1 Den Spinat auftauen lassen. Die Vollkornspaghetti in reichlich Salzwasser nach Packungsanleitung »al dente« kochen.

2 Die Zwiebel und die Knoblauchzehen schälen und fein hacken. Das Öl in einer kleinen beschichteten Pfanne erhitzen. Zwiebel und Knoblauch glasig dünsten. Den aufgetauten Spinat dazugeben, etwas Wasser angießen und unter Rühren kochen lassen, bis alle Flüssigkeit verdampft ist. Vom Herd nehmen, mit Salz, Pfeffer und Muskatnuss abschmecken und den Joghurt unterheben.

3 Die Nudeln durch ein Sieb abgießen, gut abtropfen lassen und mit dem Joghurt-Spinat vermischen. Auf zwei Tellern anrichten und sofort servieren.

macht was her **Gekühlte Bananenzabaione**

Für 2 Personen:
2–3 Bananen (350 g geschält gewogen)
80 g saure Sahne (10 % Fett)
4 EL Limettensaft
1 Ei / Salz
25 g Honig

Zubereitungszeit: ca. 20 Min.
Kühlzeit: 2 Std.
Pro Portion: 297 kcal

1 Von einer Banane 5–10 cm abschneiden und zur Dekoration beiseite legen. Die übrigen Bananen mit der sauren Sahne und 2 EL Limettensaft fein pürieren. In zwei flache Schalen verteilen.

2 Das Ei trennen und das Eiweiß mit einer Prise Salz sehr steif schlagen. Das Eidotter mit Honig und den restlichen 2 EL Limettensaft im Wasserbad mit einem Schneebesen kräftig zu einem Schaum aufschlagen. Den Eischnee behutsam unterrühren, bis eine leichte schaumige Masse entstanden ist.

3 Den Schaum auf der Bananencreme verstreichen und abgedeckt mindesten 2 Std. im Kühlschrank kühlen lassen. Das restliche Stück Banane in Scheiben schneiden und das Dessert damit dekorieren.

Clever genießen

Besonders raffiniert wird das Dessert, wenn Sie die Bananencreme solo gut kühlen und mit der heißen Zabaione frisch servieren. Die kalte Creme und der leichte, heiße Schaum sind ein besonderes Geschmackserlebnis.

für Gäste Orangen-Melonen-Dessert

Für 2 Personen:
2 Orangen (wenn möglich Blutorangen)
1/2 Cantaloup-Melone
(200 g geputzt gewogen)
200 g Magerquark
1 Päckchen Vanillezucker
15 g Puderzucker
1–2 EL fettarme Milch
15 Amarettini (kleine Mandelmakronen)
15 g Zartbitter-Schokolade

Zubereitungszeit: ca. 15 Min.
Pro Portion: 297 kcal

1 Die Orangen so schälen, dass möglichst wenig von der weißen Haut übrig bleibt. In Spalten schneiden und die Spalten auf zwei Desserttellern anrichten.

2 Die Melone halbieren, die Kerne herauskratzen, in Spalten schneiden, das Fruchtfleisch aus der Schale lösen und die Spalten neben den Orangen anrichten.

3 Den Quark mit Vanillezucker, Puderzucker und der Milch glatt rühren und auf dem Obst verteilen. Die Mandelmakronen zerbröseln und darüber streuen. Die Schokolade mit einem scharfen Messer in Splitter schneiden und auf dem Dessert verteilen. Möglichst gut gekühlt servieren.

Tauschbörse

Im Hochsommer passen Würfel von einer gut gekühlten **Wassermelone** (möglichst die Kerne entfernen) gut zu den Orangenscheiben. Beides erfrischt an heißen Tagen.
Oder gönnen Sie sich (und Ihren Gästen) eine kleine **Papaya** oder 2 **Kaki**-Früchte. Passt alles prima zur Orange und zu Ihrem Kalorienplan.

himmlisch Milchreis mit Mango

(im Bild rechts)

Für 2 Personen:
250 ml fettarme Milch
1 Päckchen Vanillezucker
abgeriebene Schale von 1 unbehandelten Zitrone
75 g Rundkornreis
1 EL Puderzucker
125 g fettarmer Joghurt
200 g reife Mango
Zimtpulver zum Bestäuben

Zubereitungszeit: ca. 50 Min.
Pro Portion: 299 kcal

1 Die Milch mit dem Vanillezucker und der Zitronenschale zum Kochen bringen. Den Reis einrühren und zugedeckt auf kleiner Flamme 30–35 Min. ziehen lassen, bis der Reis alle Flüssigkeit aufgenommen hat. Dabei öfter umrühren, damit der Reis nicht anbrennt. Den Reis offen ausdampfen und etwas abkühlen lassen. Mit dem Puderzucker und dem Joghurt verrühren.

2 Die Mango schälen und das Fruchtfleisch in etwa 1 x 1 cm große Würfel schneiden. 2 Schnitze zur Dekoration ganz lassen. Die Mangowürfel unterheben, den Fruchtreis in 2 hohe Gläser oder Schalen füllen und mit Zimt bestäuben. Die Mangoschnitze dekorativ auf dem Milchreis anrichten.

Tauschbörse

Dieser kühle Milchreis kann auch mit **Melone, Aprikosen, Pfirsichen** oder Ihrem Lieblingsobst zubereitet werden. Da sind Ihrer Fantasie keine Grenzen gesetzt. Auf dem Kalorienkonto schlägt sich dieser Obstaustausch auch nicht nieder.

verführerisch Erdbeersoufflé

(im Bild links)

Für 2 Personen:
20 g Butter | 2 Eier
150 g Magerquark
20 g Zucker
10 g Grieß | Salz
200 g frische Erdbeeren
Puderzucker zum Bestäuben

Zubereitungszeit: ca. 40 Min.
Pro Portion: 298 kcal

1 Den Backofen auf 180° vorheizen. Die Butter in einem kleinen Topf schmelzen. 2 ofenfeste Formen (etwa 10 cm Durchmesser) mit etwas geschmolzener Butter ausstreichen. Eier trennen. Die restliche Butter mit Magerquark, Zucker, Grieß und den Eigelben verrühren. 15 Min. ziehen lassen.

2 Das Eiweiß mit einer Prise Salz sehr steif schlagen. Den Eischnee unter die Quarkmasse heben. In die vorbereiteten Förmchen füllen.

3 Die Erdbeeren waschen, entstielen, halbieren und darauf legen. Im vorgeheizten Backofen (Mitte, Umluft 160°) 20 Min. backen, bis die Masse gestockt ist. Mit Puderzucker bestäubt sofort heiß servieren.

Besonders clever!

*Für ein gelungenes Soufflé muss das Eiweiß besonders steif geschlagen werden. **Der Test:** Drehen Sie die Schüssel mit dem Eischnee vorsichtig um. Wenn der Schnee fest an der Schüsselwand haftet, ist er steif genug. Manche schwören darauf, den Eischnee nach dem Schlagen wieder zusammenfallen zu lassen und ein zweites Mal zu schlagen. Steifer geht's nicht!*

400 Kalorien

Spar-Menüs – nicht nur für Gäste

Wenn Sie zum Essen eingeladen sind oder mal in ein schickes Restaurant gehen: lassen Sie die Kalorientabelle zu Hause, schlemmen Sie nach Herzenslust – das ist gut für Ihre Seele. Ein »Ausrutscher« pro Woche ist kein Beinbruch – Sie sparen das Zuviel einfach in den nächsten Tagen wieder ein. Wenn Sie selbst Gäste bekochen, haben Sie es aber in der Hand, leichte Menüs zu servieren, die trotzdem viel hermachen. Lassen Sie sich verführen von unseren Vorschlägen:

Für Gourmets

200 kcal: Forellencreme mit Kräcker auf Eisbergsalat S. 44
300 kcal: Riesengarnelen mit Zuckerschoten S. 68
300 kcal: Erdbeersoufflé S. 89
800 kcal insgesamt

Für jedes 0,1 l Glas trockenen Weißwein, das Sie dazu trinken, müssen Sie jeweils noch 70 kcal dazuzählen. Die Forellencreme ist in 20 Min. gemacht und kann auch gut vorbereitet werden. Für die Riesengarnelen können Sie das Gemüse vorbereiten und müssen nur zum Anbraten kurz an den Herd.

Italienisch inspiriert

300 kcal: Fenchel-Orangen-Salat S. 56
400 kcal: Salbeischnitzel auf Möhrencreme S. 109
300 kcal: Gekühlte Bananenzabaione S. 86
1000 kcal insgesamt

Wenn Sie es echt italienisch machen wollen, geben Sie nach der Suppe noch einen Teller Pasta als Zwischengericht, zum Beispiel Vollkornspaghetti mit Joghurt-Spinat (300 kcal, S. 85). Die Bananenzabaione sollten Sie schon am Nachmittag machen, sie muss 2 Stunden kühlen. Der Fenchel-Orangen-Salat ist ein 15-Minuten-Blitzgericht. Lassen Sie ihn aber ein bisschen ziehen, das intensiviert das Aroma. Die Möhrencreme für das Hauptgericht lässt sich gut vorbereiten, Sie brauchen dann nur noch die Schnitzel frisch zu braten.

Für Asienfans

300 kcal: Reissalat mit Ingwer und Aprikosen S. 57
400 kcal: Wintereintopf »India« S. 101
200 kcal: Ingwerpfirsiche S. 47
900 kcal insgesamt

Machen Sie zuerst den Reissalat, denn er wird, je länger er durchziehen kann, immer besser. Den Eintopf können Sie, wenn Sie wollen, schon am Vorabend machen – aufwärmen tut jedem Eintopfgericht gut. Ganz besondere Gäste? Geben Sie pro Portion noch 100 g ausgelöstes Hummerfleisch zum Schluss dazu. Macht 81 kcal pro Portion extra. Die Ingwerpfirsiche werden »a la minute« gemacht. Wenn Sie die Pfirsiche und den Ingwer schon vorbereitet haben, müssen Sie dafür noch mal für 10 Min. an den Herd.

Blitzmenü

300 kcal: Erdbeersalat mit Harzer Käse S. 59
400 kcal: Rinderfilet mit Zucchini und Paprikastreifen S. 107
300 kcal: Orangen-Melonen-Dessert S. 87
1000 kcal insgesamt

Machen Sie zuerst den Erdbeersalat – es schadet ihm nicht, wenn er ein bisschen durchziehen kann, während Sie das Gemüse für das Hauptgericht vorbereiten. Auch das Dessert können Sie schon lange vor dem Essen zubereiten; es wartet gerne im Kühlschrank auf seinen Auftritt. Sie müssen dann lediglich zum Anbraten des Rinderfilets mit dem Gemüse kurz in die Küche verschwinden.

Klassiker Krabbenquark auf Toast mit gekochtem Ei

Für 2 Personen:
2 Eier
100 g Magerquark
Salz / Pfeffer
1/2 TL rosenscharfes Paprikapulver
2 TL Zitronensaft
125 g gekochte und geschälte Pazifik-Krabben
1 Kiwi
4 Scheiben Vollkorntoast
2 EL Schnittlauch in Röllchen

Zubereitungszeit: ca. 15 Min.
Pro Portion: 398 kcal

1 Die Eier in kochendem Wasser in ca. 5 Min. wachsweich kochen.

2 In der Zwischenzeit den Quark mit Salz, Pfeffer, Paprikapulver und Zitronensaft pikant abschmecken. Die Krabben unterheben.

3 Die Kiwi schälen, längs halbieren, den harten Strunk in der Mitte entfernen, in Scheiben schneiden und auf den Krabbenquark legen.

4 Die Brotscheiben toasten. Die Eier kalt abschrecken, vorsichtig pellen und in zwei flache Glasschälchen geben. Mit Schnittlauch bestreuen. Mit dem Krabbenquark und den Toastscheiben servieren.

2 x lecker **Frühstücksbrote süß und pikant**

Für 2 Personen:
1 EL Rosinen (20 g)
2 EL fettarme Milch
70 g Lachsschinken
1 EL Tomatenmark
200 g körniger Frischkäse
Salz | Pfeffer
50 g Kirschtomaten
2 getrocknete Aprikosen
4 Scheiben Roggenbrot (à 45 g)
Zimtpulver zum Bestreuen
1 EL Schnittlauch in Röllchen oder fein gehackte Petersilie

Zubereitungszeit: ca. 15 Min.
Pro Portion: 395 kcal

1 Die Rosinen in eine kleine Schüssel geben, mit der Milch begießen und ziehen lassen.

2 Den Lachsschinken in dünne Streifen schneiden. Das Tomatenmark mit 100 g Frischkäse verrühren und mit Salz und Pfeffer abschmecken. Die Schinkenstreifen unter den Frischkäse mischen. Die Kirschtomaten waschen, gut abtropfen lassen und halbieren. Die getrockneten Aprikosen in kleine Würfel schneiden und mit dem restlichen Frischkäse verrühren. Die Rosinen mit der Milch dazugeben.

3 Zwei Brote mit der Fruchtcreme bestreichen und mit dem Zimtpulver bestreuen, die anderen beiden Brote mit der Lachsschinkenmischung bestreichen, mit den Tomatenhälfte belegen und mit Schnittlauch oder Petersilie bestreut servieren.

ganz einfach **Pilztoast mit Schnittlauchrührei**

(im Bild hinten)

Für 2 Personen:
150 g Champignons
1 Bund Frühlingszwiebeln
4 Blätter Lollo rosso
2 EL weißer Aceto balsamico
4 Eier
4 EL Mineralwasser
Salz / Pfeffer
30 g Butter
2 Scheiben Mehrkornbrot
2 EL Schnittlauch in Röllchen

Zubereitungszeit: ca. 20 Min.
Pro Portion: 396 kcal

1 Die Champignons mit einer weichen Bürste putzen, die Stiele herausschneiden und die kleineren Köpfchen in zwei, die größeren in vier Teile brechen. Die Frühlingszwiebeln waschen, putzen und fein hacken. Die Salatblätter waschen, gut trockenschütteln, auf einen Teller legen und mit dem Essig beträufeln. Kurz ziehen lassen.

2 Die Eier mit dem Mineralwasser verquirlen und mit Salz und Pfeffer würzen. 20 g Butter in einer beschichteten Pfanne stark erhitzen. Die Frühlingszwiebeln und die Pilze hineingeben und 2 Min. anbraten.

3 In der Zwischenzeit die Brotscheiben toasten, auf zwei Tellern anrichten und mit den marinierten Salatblättern belegen. Die Pilze daraufgeben.

4 Die restliche Butter in die Pfanne geben, die Eimasse dazugießen und mit Schnittlauch bestreuen. Die Eier bei milder Hitze stocken lassen. Das Rührei auf den Pilzen verteilen und mit Schnittlauch bestreut sofort servieren.

ganz fein **Lachstoast mit Paprika**

(im Bild vorne)

Für 2 Personen:
1/2 unbehandelte Zitrone
1 TL grobes Meersalz
1 gelbe Paprikaschote
100 g Frischkäsezubereitung mit Kräutern (20 % Fett)
1 EL Meerrettich (aus dem Glas)
Salz / Pfeffer
4 Scheiben Vollkorn-Toastbrot
100 g geräucherter Lachs
2 EL Schnittlauch in Röllchen

Zubereitungszeit: ca. 15 Min.
Pro Portion: 398 kcal

1 Die Zitrone heiß waschen und halbieren, mit einem scharfen Messer mitsamt der Schale in hauchdünne Scheiben schneiden. In eine kleine Schüssel geben, mit dem Meersalz vermischen und ziehen lassen.

2 In der Zwischenzeit die Paprikaschote waschen, putzen und in kleine Würfel schneiden.

3 Den Frischkäse mit dem Meerrettich verrühren, die Paprikawürfel unterheben und mit Salz und Pfeffer abschmecken.

4 Die Toastbrote toasten, diagonal zu Dreiecken schneiden und mit der Paprika-Käse-Mischung bestreichen. Auf zwei Tellern anrichten, den Lachs darauf legen. Die Zitronenscheiben auf dem Lachs verteilen und mit Schnittlauch bestreut servieren.

Klassiker mal anders **Chili sin carne**

(im Bild hinten)

Für 2 Personen:
1 weiße Zwiebel
2 Knoblauchzehen
je 1 rote und gelbe Paprikaschote
1 rote Chilischote
200 g reife Tomaten
2 EL Olivenöl
1 TL getrockneter Oregano
1 Päckchen Kidneybohnen (230 g Abtropfgewicht)
1 kleine Dose Zuckermais (140 g Abtropfgewicht)
Salz / Pfeffer
1–2 EL Aceto balsamico
2 EL saure Sahne
2 EL frische Oreganoblättchen

Zubereitungszeit: ca. 30 Min.
Pro Portion: 397 kcal

1 Die Zwiebel schälen und klein würfeln. Die Knoblauchzehen schälen und durch eine Knoblauchpresse drücken. Die Paprikaschoten waschen, putzen und in Streifen schneiden. Die Chilischote waschen, längs aufschlitzen, die Kerne herauskratzen und die Schote in kleine Würfel schneiden. Die Tomaten waschen, halbieren, die Stielansätze entfernen und das Fruchtfleisch würfeln.

2 Das Öl in einem beschichteten Topf erhitzen. Zwiebel und Knoblauch glasig andünsten. Paprikastreifen und Chiliwürfel dazugeben und unter ständigem Rühren etwa 4 Min. bissfest anbraten. Die Tomaten und den Oregano einrühren und bei mittlerer Hitze köcheln lassen, bis die Tomaten zerfallen sind.

3 Die Kidneybohnen und den Zuckermais in ein Sieb geben und mit kaltem Wasser abspülen. Gut abtropfen lassen und in die Tomaten rühren. In etwa 2–3 Min. heiß werden lassen.

4 Das Chili mit Salz, Pfeffer und Essig pikant abschmecken. Auf zwei tiefe Teller verteilen und je 1 Klecks saure Sahne in die Mitte setzen. Nach Belieben mit frischen Oreganoblättchen bestreut servieren.

für Gäste **Linsensuppe mit Flusskrebsen**

(im Bild vorne)

Für 2 Personen:
100 g rote Linsen
300 ml Fleischbrühe
1 Tl getrockneter Thymian
Salz / Pfeffer
1 EL saure Sahne (25 g)
125 g Flusskrebse
2 TL abgezupfte Thymianblättchen, nach Belieben

Zubereitungszeit: ca. 20 Min.
Pro Portion: 398 kcal

1 Die Linsen waschen, verlesen und in einen kleinen Topf geben. Mit der Brühe aufgießen, den Thymian dazugeben, zum Kochen bringen und zugedeckt bei kleiner Flamme 10 Min. ziehen lassen, bis die Linsen weich sind. Mit dem Zauberstab oder im Mixer fein pürieren.

2 Die Suppe mit 150 ml Wasser aufgießen und nochmals zum Kochen bringen, vom Herd nehmen, salzen und pfeffern und die saure Sahne einrühren. Nicht mehr kochen lassen! Die Flusskrebse dazugeben und 2 Min. in der Suppe ziehen lassen. Auf zwei Teller verteilen und nach Belieben mit den frischen Thymianblättchen bestreut servieren.

SAMBAL OELEK

Sattmacher Asia-Eintopf mit Glasnudeln

Für 2 Personen:
1 Zwiebel
10 g frischer Ingwer
1 TL Pfefferkörner
1 Hähnchenbrust (200 g)
60 g Glas- oder Reisnudeln
200 g Möhren
1 rote Paprikaschote
1 Bund Frühlingszwiebeln
100 g Sprossenmix
100 g Shiitake-Pilze (ersatzweise braune Champignons)
1 EL Rapsöl
75 g TK-Erbsen
2 EL Sojasauce
Salz / Pfeffer
Sambal oelek

Zubereitungszeit: ca. 50 Min.
Pro Portion: 398 kcal

1 Die Zwiebel schälen und vierteln. Ingwer schälen und in Scheiben schneiden. Zwiebel, Ingwer und Pfefferkörner in 500 ml Wasser in einem hohen Topf aufkochen lassen, die Hähnchenbrust hineingeben und bei milder Hitze 30 Min. ziehen lassen.

2 In der Zwischenzeit die Glasnudeln 15 Min. in kaltem Wasser einweichen, bis sie durchsichtig und weich sind.

3 Die Möhren schälen, putzen und in etwa 5 cm lange, feine Streifen schneiden. Die Paprikaschote waschen, putzen und in feine Streifen schneiden. Die Frühlingszwiebeln waschen, putzen, längs vierteln und in 5 cm lange Stücke schneiden. Die Sprossen waschen und gut abtropfen lassen. Die Shiitake-Pilze mit einer weichen Bürste putzen, die Stiele herausknipsen und die Köpfchen in Stücke brechen (Champignons in Scheiben schneiden).

4 Das Öl in einer kleinen Pfanne erhitzen, die Pilze 2 Min. anbraten und beiseite stellen. Das Fleisch aus dem Kochwasser nehmen und etwas abkühlen lassen. Die Zwiebelstücke, Ingwerscheiben und Pfefferkörner mit einem Schaumlöffel herausnehmen und wegwerfen.

5 Das vorbereitete Gemüse und die Erbsen in die Brühe geben und zugedeckt bei milder Hitze 10–15 Min. ziehen lassen, bis die Möhren bissfest sind. Das Fleisch in feine Streifen schneiden und mit den Pilzen und den Nudeln unterheben. Mit Sojasauce würzen und mit Salz und Pfeffer abschmecken. Nach Belieben Sambal oelek getrennt dazureichen.

Tauschbörse

Statt 200 g Möhren können Sie auch dieselbe Menge **Brokkolistiele** (die Köpfchen für ein anderes Gericht verwenden) oder **Kohlrabi** in den Eintopf geben.

Getränk

Machen Sie es wie die Chinesen: Trinken Sie auch zum Essen **grünen Tee.** Durch seine schonende Herstellung enthält er Mineralstoffe, Spurenelemente und vor allem auch Vitamin E und C. Um diese Vitamine nicht zu zerstören wird er mit nur 70° heißem Wasser aufgegossen.

Clever einkaufen

Im Supermarkt gibt es fast immer **Soja- oder Mungobohnen-Sprossen.** Auch **Sprossenmix** z. B. mit **Alfalfa-Sprossen** ist fertig abgepackt erhältlich.
Versuchen Sie mal, Sprossen auf der Fensterbank selbst zu ziehen. In Bioläden und Reformhäusern gibt es geeignete Schüsseln und Samen. Sie haben immer knackfrische, vitaminreiche Sprossen zur Hand, die Sie nach Belieben über einen Salat oder auf Ihr Frühstücksbrot streuen können.

Klassiker Ratatouille

(im Bild hinten)

Für 2 Personen:
1 kleine Aubergine (250 g)
Salz / 200 g Zucchini
2 mittelgroße Zwiebeln
3 Knoblauchzehen
400 g reife Tomaten
2 EL Olivenöl
200 ml Gemüsebrühe
2 Zweige Rosmarin
Pfeffer / 2–3 EL Aceto balsamico

Zubereitungszeit: ca. 1 Std.
Pro Portion: 396 kcal

1 Die Aubergine waschen, trockentupfen, putzen, längs halbieren und in Scheiben schneiden. In eine Schüssel geben, reichlich salzen und 10 Min. zugedeckt ziehen lassen.

2 In der Zwischenzeit die Zucchini waschen, längs halbieren und in Scheiben schneiden. Die Zwiebeln und Knoblauchzehen schälen und in feine Streifen schneiden. Die Tomaten heiß überbrühen, häuten, die Stielansätze herausschneiden und das Fruchtfleisch würfeln. Die Auberginenscheiben in ein Sieb geben, mit kaltem Wasser abspülen und mit Küchenkrepp trockentupfen.

3 Das Olivenöl in einem beschichteten Topf erhitzen. Zwiebeln und Knoblauch glasig dünsten. Auberginen und Zucchini dazugeben und unter Rühren 3 Min. anbraten. Die Gemüsebrühe angießen. Die Rosmarinzweige auf das Gemüse legen und zugedeckt bei milder Hitze 25 Min. köcheln lassen, dabei öfter umrühren. Die Rosmarinzweige entfernen, die Tomatenwürfel unterheben und weitere 10 Min. köcheln lassen, bis die Tomaten nahezu zerfallen sind. Mit Salz, Pfeffer und Aceto balsamico kräftig abschmecken.

für Gemüsefans Wintereintopf »India«

(im Bild vorne)

Für 2 Personen:
1 Zwiebel / 2 Knoblauchzehen
10 g frischer Ingwer
100 g Lauch
100 g Möhren
1 Kartoffel (75 g)
50 g Sellerie
1 kleine rote Paprikaschote (100 g)
1 EL Rapsöl
1 TL Currypulver
500 ml Gemüsebrühe
1 kleine Dose Kokosmilch (160 ml)
100 g TK-Rosenkohl
Salz / Pfeffer
Sambal oelek nach Belieben

Zubereitungszeit: ca. 40 Min.
Pro Portion: 399 kcal

1 Die Zwiebel schälen und fein würfeln. Die Knoblauchzehen schälen und durch eine Knoblauchpresse drücken. Den Ingwer schälen und in winzige Würfelchen schneiden. Den Lauch längs durchschneiden, die harten dunkelgrünen Teile abschneiden, gründlich waschen und in 1 cm breite Ringe schneiden. Die Möhren schälen, putzen und in etwa 1 cm große Würfel schneiden. Die Kartoffel und das Selleriestück schälen, waschen und würfeln. Die Paprikaschote waschen, putzen und in Würfel schneiden.

2 Das Öl in einem beschichteten hohen Topf erhitzen und Knoblauch und Zwiebelwürfel glasig dünsten. Den Ingwer und das Currypulver dazugeben, kurz mitrösten und mit Gemüsebrühe und Kokosmilch aufgießen. Das vorbereitete Gemüse und den Rosenkohl in die Suppe geben und zugedeckt bei milder Hitze 20 Min. köcheln lassen. Mit Salz und Pfeffer abschmecken und das Sambal oelek getrennt dazureichen.

für Gourmets Zanderfilet mit Kräuterkruste und grünen Bohnen

Für 2 Personen:
300 g Zanderfilet
1 EL Zitronensaft
200 g grüne Bohnen
200 g Kartoffeln | Salz
3 Knoblauchzehen
2 EL fein gehackte Petersilie
20 g Semmelbrösel
35 g Butter | Pfeffer

Zubereitungszeit: ca. 25 Min.
Pro Portion: 399 kcal

1 Den Backofen auf 200° vorheizen. Das Zanderfilet quer halbieren, mit Zitronensaft beträufeln und zugedeckt 10 Min. ziehen lassen.

2 In der Zwischenzeit die Bohnen putzen und waschen. Die Kartoffeln schälen, waschen und in Stifte schneiden. Reichlich Salzwasser zum Kochen bringen und die Bohnen und Kartoffelstifte in etwa 10–15 Min. bissfest kochen. Inzwischen den Knoblauch schälen und fein hacken. Mit Petersilie, Semmelbrösel und 20 g Butter zu einer geschmeidigen Paste verkneten.

3 Die Fischfilets trockentupfen, salzen und pfeffern und mit der Kräuterpaste bestreichen. In eine feuerfeste Form setzen und im vorgeheizten Backofen auf der mittleren Schiene 10 Min. backen, bis die Kruste knusprig ist.

4 Das Gemüse durch ein Sieb abgießen und gut abtropfen lassen. Die restliche Butter im Topf schmelzen und die Bohnen mit den Kartoffeln darin schwenken. Die Zanderfilets auf zwei Teller geben und das Gemüse daneben anrichten.

knackig Lachs mit Zuckerschoten und Paprika

Für 2 Personen:
200 g Zuckerschoten
Salz
1 gelbe Paprikaschote
250 g Lachsfilet
Pfeffer
1 EL Olivenöl
1 EL Zitronensaft
3 EL Frischkäse (20 % Fett i. Tr.)
2 EL Schnittlauch in Röllchen

Zubereitungszeit: ca. 25 Min.
Pro Portion: 393 kcal

1 Die Zuckerschoten waschen und in reichlich Salzwasser 5 Min. blanchieren. Anschließend sofort kalt abschrecken, damit sie ihre frische grüne Farbe behalten. Die Paprikaschote waschen, putzen und längs in schmale Streifen oder Würfel schneiden.

2 Das Lachsfilet von beiden Seiten salzen und pfeffern und quer in etwa 1 cm breite Streifen schneiden. Auf einem Teller beiseite stellen.

3 Das Olivenöl in einer beschichteten Pfanne erhitzen und zunächst die Paprikastreifen 1 Min. unter Rühren leicht anbraten. Die Lachsstreifen dazugeben und unter vorsichtigem Rühren von allen Seiten leicht bräunen.

4 Mit dem Zitronensaft ablöschen und die Zuckerschoten dazugeben. Den Frischkäse unterheben und bei geringer Hitze noch 1 Min. durchziehen lassen, auf zwei Teller verteilen und mit Schnittlauch bestreut servieren.

ganz einfach Rotbarsch mit blanchiertem Gemüse vom Blech

Für 2 Personen:
250 g grüne Bohnen
200 g Möhren
200 g Kohlrabi | Salz
2 Rotbarschfilets (à 200 g)
2 EL Zitronensaft
Pfeffer, frisch gemahlen
15 g frischer Ingwer
2 EL Olivenöl
grobes Meersalz

Zubereitungszeit: ca. 35 Min.
Pro Portion: 396 kcal

1 Den Backofen auf 180° vorheizen. Die Bohnen putzen und waschen. Die Möhren und den Kohlrabi schälen und in Stifte schneiden. Die Stifte sollen ungefähr die Länge der Bohnen haben.

2 Reichlich Salzwasser zum Kochen bringen und zuerst die Bohnen 2 Min. blanchieren, dann die Möhren- und Kohlrabistifte dazugeben und weitere 5 Min. kochen lassen. Durch ein Sieb abgießen und eiskalt abschrecken.

3 Die Fischfilets mit Zitronensaft beträufeln, salzen und pfeffern. Den Ingwer schälen und in winzige Würfelchen schneiden.

4 Ein Backblech dünn mit der Hälfte des Öls bepinseln und die Fischfilets darauf legen. Das Gemüse rundherum verteilen, die Ingwerwürfel darüber streuen, mit dem restlichen Olivenöl beträufeln, mit Meersalz bestreuen und mit Pfeffer übermahlen. Im vorgeheizten Backofen (Mitte, Umluft 160°) 20 Min. braten. Sofort heiß vom Blech servieren.

mit Chilifeuer
Steinbeißer-Curry mit Brokkoli

Für 2 Personen:
300 g Steinbeißerfilet
1 EL Zitronensaft
2 Bund Frühlingszwiebeln
1 rote Chilischote
500 g Brokkoli
1 EL Rapsöl
2 EL Currypulver
100 ml Gemüsebrühe oder Fischfond
1 kleine Dose Kokosmilch (160 ml)
Salz / Pfeffer
2 EL frisch gehacktes Koriandergrün

Zubereitungszeit: ca. 35 Min.
Pro Portion: 397 kcal

1 Das Steinbeißerfilet in mundgerechte Stücke schneiden und mit Zitronensaft beträufeln.

2 Die Frühlingszwiebeln waschen, putzen und in 3 cm lange Stücke schneiden. Größere Zwiebeln längs halbieren. Die Chilischote putzen, waschen, die Kerne und Rippen entfernen und klein würfeln. Vom Brokkoli die Röschen abschneiden, die Stängel schälen und in etwa 1 cm große Würfel schneiden.

3 Das Rapsöl in einem Topf erhitzen und Frühlingszwiebeln, Chilischote und Brokkoliwürfel unter ständigem Rühren etwa 3 Min. anbraten, bis die Zwiebeln Farbe angenommen haben. Mit dem Currypulver bestäuben, durchrühren und mit Brühe und Kokosmilch ablöschen. Einmal kurz aufkochen und 2 Min. auf kleiner Flamme köcheln lassen.

4 Die Fischwürfel salzen und pfeffern. Fisch und Brokkoliröschen in den Topf geben, vorsichtig umrühren und zugedeckt 5 Min. ziehen lassen. Mit frisch gehacktem Koriandergrün bestreut servieren.

macht was her **Schweinefilet mit warmem Bohnensalat**

(im Bild vorne)

Für 2 Personen:
400 g grüne Bohnen
Salz
1 große Zwiebel
2 Knoblauchzehen
3 EL Olivenöl
30 ml Apfelessig
Pfeffer, frisch gemahlen
300 g Schweinefilet

Zubereitungszeit: ca. 25 Min.
Pro Portion 398 kcal

1 Die Bohnen putzen, waschen und in reichlich Salzwasser in 10–15 Min. bissfest kochen. Durch ein Sieb abgießen und sofort eiskalt abschrecken – dann behalten sie ihre frische grüne Farbe. Gut abtropfen lassen und in eine Schüssel geben.

2 In der Zwischenzeit die Zwiebel schälen und fein würfeln. Die Knoblauchzehen schälen und in dünne Scheibchen schneiden.

3 2 EL Olivenöl in einer beschichteten Pfanne erhitzen. Zwiebel und Knoblauch unter gelegentlichem Rühren goldgelb anbraten und mit dem Essig ablöschen. Diese Marinade über die noch warmen Bohnen geben, gut vermischen und mit Salz und Pfeffer abschmecken.

4 Das Schweinefilet in sechs Scheiben schneiden, vorsichtig mit der flachen Messerseite flach klopfen, salzen und pfeffern. Das restliche Öl in einer beschichteten Pfanne erhitzen und das Fleisch von beiden Seiten goldbraun anbraten. Auf zwei Teller geben und den Bohnensalat daneben anrichten. Mit schwarzem Pfeffer würzen.

knackig-frisch **Rinderfilet mit Zucchini und Paprikastreifen**

(im Bild hinten)

Für 2 Personen:
250 g Rinderfiletsteak
Salz / Pfeffer
2 Schalotten / 2 rote Paprikaschoten
2 mittelgroße Zucchini (zusammen etwa 500 g)
2 EL Rapsöl
2 EL weißer Aceto balsamico
2 EL gehackte Petersilie

Zubereitungszeit: ca. 15 Min.
Pro Portion 395 kcal

1 Das Fleisch von Sehnen und sichtbarem Fett befreien. Von beiden Seiten salzen und pfeffern. Mit einem scharfen Messer in etwa 1/2 cm breite Streifen schneiden.

2 Die Schalotten schälen, längs halbieren und in Streifen schneiden. Die Paprikaschoten waschen, putzen und längs in Streifen schneiden. Die Zucchini waschen, putzen, längs halbieren und in 1/2 cm breite Scheiben schneiden.

3 Das Öl in einer beschichteten Pfanne erhitzen. Die Steakstreifen unter gelegentlichem Rühren kräftig anbraten, herausnehmen und warm stellen. Schalotten- und Paprikastreifen in das Bratfett geben und 3 Min. anbraten. Die Zucchinischeiben dazugeben, kurz durchrühren und mit 50 ml Wasser aufgießen. Den Essig unterrühren, mit Salz und Pfeffer abschmecken. Das Fleisch wieder dazugeben und mit Petersilie bestreut in der Pfanne servieren.

für Gäste Salbeischnitzel auf Möhrencreme mit Oliven

(im Bild vorne)

Für 2 Personen:
2 Hähnchen- oder Putenschnitzel (à 150 g)
Salz | Pfeffer
600 g Möhren
10 g frischer Ingwer
5 Blätter frischer Salbei
75 g entsteinte schwarze Oliven (etwa 25 Stück)
1 reife Tomate (100 g)
2 Bund Frühlingszwiebeln
2 EL Olivenöl

Zubereitungszeit: ca. 30 Min.
Pro Portion: 400 kcal

1 Die Hähnchenschnitzel vorsichtig flach klopfen und auf beiden Seiten salzen und pfeffern. Die Möhren schälen, waschen und in Scheiben schneiden. Den Ingwer schälen und durch eine Knoblauchpresse drücken. 200 ml Wasser mit dem Ingwer aufkochen lassen, die Möhren dazugeben und bei milder Hitze etwa 10 Min. kochen lassen, bis die Möhren weich sind.

2 In der Zwischenzeit die Salbeiblätter waschen, gut trockenschütteln und in Streifen schneiden. Die Oliven grob hacken. Die Tomate heiß überbrühen, häuten, die Stielansätze entfernen, das Fruchtfleisch klein würfeln. Die Frühlingszwiebeln waschen, putzen und in Ringe schneiden.

3 1 EL Olivenöl in einer beschichteten Pfanne erhitzen und die Salbeistreifen darin anbraten. Herausnehmen und beiseite stellen. Im Salbeiöl die Schnitzel von beiden Seiten kross braten. Die Schnitzel in Alufolie gewickelt warm stellen.

4 Das restliche Öl in der Pfanne erhitzen und die Zwiebelringe goldgelb braten. Die Möhren mit dem Zauberstab fein pürieren und die gehackten Oliven, die Tomatenwürfel und die Zwiebelringe unterheben. Die Möhrencreme auf zwei Tellern anrichten, die Schnitzel darauf legen und mit dem knusprigen Salbei bestreut servieren.

indisch inspiriert Putencurry mit Mango

(im Bild hinten)

Für 2 Personen:
1 große Zwiebel
400 g Putenschnitzel
1 rote Paprikaschote (200 g)
1/2 Mango (250 g geputzt gewogen)
2 EL Rapsöl | 1 EL Currypulver
Salz | Pfeffer
1 EL frisch gehacktes Koriandergrün

Zubereitungszeit: ca. 55 Min.
Pro Portion: 399 kcal

1 Die Zwiebel schälen und fein würfeln. Die Putenschnitzel in mundgerechte Würfel schneiden. Die Paprikaschote waschen, putzen und in Streifen schneiden. Die Mango schälen. Das Fruchtfleisch mit einem scharfen Messer vom harten Kern schneiden und würfeln.

2 Das Öl in einem beschichteten Topf erhitzen. Die Zwiebel glasig dünsten. Dann das Fleisch dazugeben und unter ständigem Rühren scharf anbraten. Mit dem Currypulver bestäuben, kurz durchrösten und mit 500 ml Wasser aufgießen. Auf kleiner Flamme 30 Min. offen köcheln lassen – ab und zu umrühren. Eventuell etwas Wasser nachgießen.

3 Die Paprikastücke in das Curry geben und weitere 10 Min. sanft kochen, bis das Gemüse weich ist. Die Mango einrühren und in 5 Min. heiß werden lassen. Mit Salz und Pfeffer abschmecken mit frischem Koriandergrün garnieren.

Klassiker Gefüllte Tomaten

Für 2 Personen:
400 g Kartoffeln
Salz
2 große Fleischtomaten (600 g)
Pfeffer
125 g Mozzarella
15 g entsteinte schwarze Oliven
1 TL Olivenöl

Zubereitungszeit: ca. 35 Min.
Pro Portion: 398 kcal

1 Die Kartoffeln schälen, waschen und würfeln. In wenig Salzwasser gar kochen. Den Backofen auf 180° vorheizen. Von den Tomaten einen Deckel abschneiden und die Früchte vorsichtig mit einem Teelöffel aushöhlen. Die Kartoffeln durch ein Sieb abgießen und mit einer Gabel zerdrücken. Mit Salz und Pfeffer abschmecken.

2 Aus der Mitte der Mozzarella-Kugel 2 Scheiben herausschneiden, den restlichen Mozzarella würfeln und unter die Kartoffeln mischen. Die Oliven fein hacken und ebenfalls untermischen.

3 Die Kartoffelmasse in die Tomaten füllen. Eine feuerfeste Form mit Olivenöl auspinseln und die Tomaten hineinsetzen. Im vorgeheizten Backofen (Mitte, Umluft 160°) 15 Min. backen. Dann die Mozzarella-Scheiben als »Deckel« auf die Tomaten setzen und 3–5 Min. grillen, bis der Käse geschmolzen und goldgelb ist.

Clever genießen

Das Tomatenfruchtfleisch mit dem Zauberstab fein pürieren, mit etwas **Grapefruitsaft** aufgießen und mit Salz und Pfeffer abschmecken. Dieser fein-herbe Drink schmeckt gut als kleiner Snack für zwischendurch.

griechisch inspiriert Kartoffel-Auberginen-Auflauf

Für 2 Personen:
1 mittelgroße Aubergine (300 g)
Salz / 2 rote Paprikaschoten (300 g)
3 reife Tomaten (300 g)
400 g Kartoffeln
1 mittelgroße Zwiebel
2 Knoblauchzehen
3 EL Olivenöl
1 TL getrockneter Oregano / Pfeffer
3 EL fein gehackte Petersilie
1 TL abgeriebene Schale von 1 unbehandelten Zitrone

Zubereitungszeit: ca. 75 Min.
(davon 45 Min. Backzeit)
Pro Portion: 395 kcal

1 Die Aubergine waschen, putzen und in etwa 2 cm große Würfel schneiden. In eine Schüssel geben, reichlich mit Salz bestreuen und zugedeckt 20 Min. ziehen lassen. Anschließend ausdrücken und mit Küchenkrepp trockentupfen.

2 In der Zwischenzeit den Backofen auf 200° vorheizen. Die Paprikaschoten waschen, putzen und würfeln. Die Tomaten heiß überbrühen, häuten, die Stielansätze entfernen und das Fruchtfleisch mit den Kernen würfeln. Die Kartoffeln schälen, waschen und in etwa 1,5 cm große Würfel schneiden. Zwiebel und Knoblauch schälen und fein würfeln.

3 2 EL Olivenöl in einer beschichteten Pfanne erhitzen und die Kartoffelwürfel unter häufigem Rühren knusprig braten. In eine feuerfeste Form geben. Das restliche Olivenöl in der Pfanne erhitzen und das restliche Gemüse unter Rühren anbraten. Mit Oregano, Salz und Pfeffer kräftig würzen. Mit den Kartoffelwürfeln vermischen und zugedeckt im vorgeheizten Backofen (Mitte, Umluft 180°) 45 Min. backen.

4 Den Auflauf mit Petersilie bestreut servieren. Nach Belieben zusätzlich geriebene Zitronenschale über den Auflauf streuen.

Klassiker mal anders **Ofenkartoffeln mit Roter Bete**

Für 2 Personen:
500 g kleine, am besten junge Kartoffeln
2 EL Olivenöl
10 Knoblauchzehen
2 Zweige Rosmarin
grobes Meersalz
125 g körniger Frischkäse
1–2 EL Meerrettich (aus dem Glas)
Pfeffer
1 kleines Glas eingelegte Rote Bete (220 g Abtropfgewicht)

Zubereitungszeit: ca. 50 Min.
Pro Portion: 395 kcal

1 Den Backofen auf 200° vorheizen. Die Kartoffeln unter fließendem Wasser gründlich abbürsten und mit einer Gabel einstechen. In eine feuerfeste Form, in der sie nebeneinander Platz haben, geben und mit dem Olivenöl beträufeln. Die Kartoffeln wenden, so dass sie rundherum mit dem Öl dünn bedeckt sind. Die Knoblauchzehen ungeschält zwischen den Kartoffeln verteilen. Die Rosmarinzweige an den Rand legen. Reichlich mit Meersalz bestreuen und im vorgeheizten Backofen 30–40 Min. backen, bis die Kartoffeln weich sind.

2 In der Zwischenzeit den Frischkäse mit dem Meerrettich verrühren und mit Salz und Pfeffer abschmecken. Die Rote Bete gut abtropfen lassen, auf zwei Teller verteilen, die Kartoffeln und die Knoblauchzehen daneben anrichten und den Frischkäse auf die Kartoffeln geben.

frisch Gemüse-Couscous

Für 2 Personen:
150 g Couscous
2 Tomaten
1 kleiner Zucchino (150 g)
150 g grüner Spargel
3 EL Rapsöl
1 Zitrone
gemahlener Koriander
Salz / Pfeffer

Zubereitungszeit: ca. 20 Min.
Pro Portion: 399 kcal

1 Den Couscous in eine Schüssel geben und mit 250 ml kochendem Wasser übergießen. Umrühren und quellen lassen, bis er alle Flüssigkeit aufgesogen hat.

2 In der Zwischenzeit die Tomaten heiß überbrühen, häuten, die Stielsansätze entfernen und das Fruchtfleisch würfeln. Den Zucchino waschen, putzen und in Würfel oder Streifen schneiden. Den Spargel im unteren Drittel schälen und in etwa 1 cm breite Stücke schneiden.

3 Das Öl in einer beschichteten Pfanne erhitzen. Zucchiniwürfel und Spargelstücke unter ständigem Rühren etwa 4 Min braten, bis die Zucchini Farbe angenommen haben. Die Tomaten und den Couscous einrühren. Mit dem Zitronensaft abschmecken und kräftig mit Koriander, Salz und Pfeffer würzen und in der Pfanne servieren.

Tauschbörse

Statt Zucchini und Spargel können Sie auch 1 **Salatgurke** und **Rosinen** (3 EL) nehmen: Einfach die Gurke klein würfeln und zusammen mit den Rosinen in der Pfanne anbraten und mit Tomaten und dem Couscous mischen. Mit Zitronensaft Koriander, Salz und Pfeffer abschmecken. Schmeckt schön frisch.

schnell gewokkt Gemüse mit Reisbandnudeln aus dem Wok

Für 2 Personen:
100 g Reisbandnudeln (Asialaden)
10 g frischer Ingwer
1/2 rote Chilischote
2 Knoblauchzehen
3 Frühlingszwiebeln
400 g Chinakohl
1 große Möhre
200 g braune Champignons
2 EL Rapsöl
3 EL Sojasauce
2 EL Limettensaft
Salz | Pfeffer

Zubereitungszeit: ca. 30 Min.
Pro Portion: 396 kcal

1 Die Reisbandnudeln nach Packungsanleitung bissfest kochen. In ein Sieb abgießen und beiseite stellen.

2 Den Ingwer schälen, die Chilischote waschen, putzen, längs aufschlitzen und die Kerne entfernen. Die Knoblauchzehen schälen. Ingwer, Chilischote und Knoblauch sehr fein hacken. Die Frühlingszwiebeln waschen, putzen und in feine Ringe schneiden.

3 Aus dem Chinakohl den harten Strunk herausschneiden, grob hacken. Die Möhre schälen und in dünne Stifte schneiden. Die Champignons mit einer weichen Bürste putzen, die Stiele abschneiden und die Köpfchen in dünne Scheiben schneiden.

4 Das Öl in einem Wok stark erhitzen und Ingwer-, Chili- und Knoblauchwürfel unter ständigem Rühren 1 Min. anbraten. Das übrige Gemüse dazugeben und pfannenrühren, bis der Chinakohl zusammengefallen ist. Die Reisbandnudeln dazugeben und im Wok erwärmen.

5 Mit Sojasauce und Limettensaft ablöschen, kurz einkochen lassen und mit Salz und Pfeffer abschmecken. Auf zwei Teller verteilen oder direkt im Wok servieren.

Clever zubereiten

Wenn Sie keinen Wok besitzen, können Sie das Rezept natürlich auch in einer großen beschichteten Pfanne zubereiten. Der Wok ist deswegen so beliebt, weil man in ihm sehr hohe gleichmäßige Temperaturen erreichen kann und das Gemüse wirklich nur kurz gebraten werden muss. Dadurch behält es seine Farbe, bleibt schön knackig und die Vitamine bleiben auch erhalten.

Clever Kalorien sparen

Eintopfgericht und Gemüsepfannen sind ideal für Kaloriensparer. Sie bringen große Portionen und nur wenig Kalorien – das ist das Prinzip für eine gesunde Ernährung, bei der Sie auch dauerhaft schlank bleiben. Wissenschaftlich ausgedrückt: Niedrige Energiedichte (= wenig Kalorien) bei hoher Nährstoffdichte (= viele Vitamine und Mineralstoffe).
Salat, Gemüse und Obst sind die Favoriten: Sie liefern pro 100 g am wenigsten Kalorien. Sie können davon essen, bis sie pappsatt sind. Unser Magen ist darauf eingestellt, ein großes Volumen an Speisen zu verarbeiten. Bekommt er zu wenig (in Form von Lebensmitteln, die bei kleinen Portionen schon viele Kalorien haben) reagiert er schnell wieder mit Hunger. Große Portionen streicheln auch Ihre Seele: Sie haben nicht das Gefühl auf »Diät« zu sein, verzichten zu müssen. Sie essen reichlich, sind fröhlich und tanken jede Menge Vitalstoffe!

cremig Tagliatelle mit Krabben und Möhren

Für 2 Personen:
2 mittelgroße Möhren (200 g)
Salz
140 g Tagliatelle (schmale italienische Bandnudeln)
1 Bund Frühlingszwiebeln
1 EL Olivenöl
125 g gekochte und geschälte Pazifik-Krabben
2 EL saure Sahne (40 g)
2 EL gehacktes Basilikum
Pfeffer, frisch gemahlen

Zubereitungszeit: ca. 20 Min.
Pro Portion: 398 kcal

1 Die Möhren schälen, putzen, halbieren und in gleichmäßige 4 cm lange und 0,5 cm breite Stifte schneiden. Reichlich Salzwasser zum Kochen bringen und Tagliatelle und Möhren darin bissfest kochen.

2 In der Zwischenzeit die Frühlingszwiebeln waschen, putzen und in feine Ringe schneiden.

3 Das Öl in einer beschichteten Pfanne erhitzen und die Zwiebeln darin glasig dünsten. Die Krabben dazugeben und kurz mit anbraten. Vom Herd nehmen und die saure Sahne einrühren.

4 Tagliatelle und Möhren durch ein Sieb abgießen, in den Topf zurückgeben und mit der Krabben-Sahne-Mischung verrühren. Auf zwei Tellern anrichten, mit Basilikum bestreuen, mit schwarzem Pfeffer übermahlen und sofort servieren.

italienisch inspiriert

Nudel-Oliven-Gratin

Für 2 Personen:
150 g Vollkorn-Bandnudeln | Salz
75 g entsteinte schwarze Oliven (ca. 25 Stück)
1 EL »Italienische Kräuter« (TK)
1 TL abgeriebene Schale von 1 unbehandelten Zitrone
2 EL saure Sahne
1 EL Parmesan, frisch gerieben
Pfeffer, frisch gemahlen
1 TL Olivenöl zum Einfetten der Form

Zubereitungszeit: ca. 25 Min.
Pro Portion: 397 kcal

1 Den Backofen auf 200° vorheizen. Die Bandnudeln in Salzwasser nach Packungsanleitung »al dente« kochen. Durch ein Sieb abgießen und gut abtropfen lassen.

2 Die Oliven sehr fein hacken. Die gekochten Nudeln mit den gehackten Oliven, Kräutern, Zitronenschale, saurer Sahne und Parmesan vermischen. Mit Salz und Pfeffer würzen.

3 Eine Auflaufform dünn mit dem Olivenöl einfetten. Die Nudeln in die Form füllen und gut andrücken. Im vorgeheizten Backofen (Mitte, Umluft 180°)15 Min. überbacken. Aus dem Backofen nehmen und in der Auflaufform servieren.

Tauschbörse

Statt mit Oliven und »Italienischen Kräutern« können Sie das Gratin auch mal mit derselben Menge **getrockneten Tomaten** und **»Kräutern der Provence«** zubereiten.
Dazu passt ein kleiner Salat: 250 g reife Tomaten (am besten Strauchtomaten) waschen, halbieren, die Stielansätze herausschneiden und in Spalten schneiden. 2 Stängel Frühlingszwiebeln in Scheiben schneiden. Für die Marinade: 2 EL weißer Aceto balsamico, 1 EL Olivenöl, Salz, Pfeffer, 1 TL scharfer Senf. Verquirlen, mit dem Salat vermischen und kurz ziehen lassen.

für Gourmets Farfalle mit Räucherlachs

(im Bild vorne)

Für 2 Personen:
150 g Vollkorn-Farfalle (Schmetterlingsnudeln)
Salz / 1 Bund Frühlingszwiebeln
50 g geräucherter Lachs
1 EL Olivenöl
2 EL saure Sahne (50 g)
2 EL gehackter Dill (frisch oder tiefgekühlt)
Pfeffer

Zubereitungszeit: ca. 20 Min.
Pro Portion: 400 kcal

1 Die Farfalle in reichlich Salzwasser nach Packungsanleitung »al dente« kochen.

2 In der Zwischenzeit die Frühlingszwiebeln waschen, putzen und in feine Streifen schneiden. Den Lachs in dünne Streifen schneiden.

3 Das Öl in einer beschichteten Pfanne erhitzen und die Zwiebelstreifen unter ständigem Rühren goldgelb anbraten. Vom Herd nehmen, die saure Sahne und den Dill einrühren und mit Salz und Pfeffer abschmecken. Die Lachsstreifen unterheben.

4 Die Farfalle durch ein Sieb abgießen, gut abtropfen lassen und mit der Zwiebel-Lachs-Sauce vermischen.

Tauschbörse

Das schmeckt auch mit frischem Fisch! Schneiden Sie ein **Kabeljaufilet** (200 g) in schmale Streifen und braten es zusammen mit den Frühlingszwiebeln goldgelb an. Dazu geben Kapernäpfel ein feines, säuerliches Aroma: **Kapernäpfel** würfeln und über die Nudeln streuen.

gut vorzubereiten Spaghetti mit Staudensellerie

(im Bild hinten)

Für 2 Personen:
150 g Vollkorn-Spaghetti
Salz
200 g Staudensellerie
100 g gekochter Schinken in Scheiben
1 EL Olivenöl
50 g Magerquark
Pfeffer, frisch gemahlen
2 EL frisch gehacktes Basilikum

Zubereitungszeit: ca. 20 Min.
Pro Portion: 398 kcal

1 Die Spaghetti in reichlich Salzwasser nach Packungsanleitung »al dente« kochen.

2 In der Zwischenzeit die Selleriestängel – wenn nötig – dünn abschälen und klein würfeln. Den Schinken in kleine Würfel schneiden.

3 Das Öl in einer beschichteten Pfanne erhitzen. Staudensellerie und Schinkenwürfel unter ständigem Rühren 3–4 Min. anbraten, bis der Schinken Farbe angenommen hat. Vom Herd nehmen und den Magerquark einrühren.

4 Die Spaghetti durch ein Sieb abgießen, gut abtropfen lassen und mit der Sellerie-Schinken-Sauce vermischen. Mit Salz abschmecken, mit schwarzem Pfeffer übermahlen und mit dem Basilikum bestreut servieren.

Klassiker Pfannkuchen **Grundrezept für den Teig**

Für 2 Personen:
125 ml fettarme Milch
1 Ei / Salz
70 g Mehl (Type 1050)

1 Die Milch mit Ei und Salz mit dem Handrührgerät mixen. Nach und nach das Mehl dazugeben und mindesten 15 Min. quellen lassen.

beerig **Heidelbeerpfannkuchen**

(im Bild vorne)

Für 2 Personen:
1 Grundrezept Teig
Für die Füllung:
150 g frische oder tiefgekühlte Heidelbeeren
20 g Butter
1 EL Zucker oder Puderzucker

Zubereitungszeit: ca. 25 Min.
Pro Portion: 300 kcal

1 Teig nach dem Grundrezept zubereiten.

2 Frische Heidelbeeren behutsam waschen, verlesen und gut abtropfen lassen. Tiefgekühlte Heidelbeeren können direkt verwendet werden.

3 10 g Butter in einer beschichteten Pfanne (ca. 24 cm Durchmesser) stark erhitzen und die Hälfte des Teiges hineingeben. Mit der Hälfte der Heidelbeeren bestreuen und stocken lassen. Wenn sich der Rand leicht vom Pfannenboden lösen lässt, den Pfannkuchen wenden und fertig backen. Auf einen Teller gleiten lassen und zusammenklappen. Mit dem übrigen Teig und den übrigen Heidelbeeren ebenso verfahren. Mit Zucker oder Puderzucker bestreut servieren.

grüne Rolle **Spinatpfannkuchen**

(im Bild hinten)

Für 2 Personen:
1 Grundrezept Teig
Für die Füllung:
200 g TK-Spinat
1 mittelgroße Zwiebel
2 Knoblauchzehen / 5 TL Rapsöl
Salz / Pfeffer
40 g Parmesan, frisch gerieben

Zubereitungszeit: ca. 25 Min. (ohne Auftauzeit)
Pro Portion: 400 kcal

1 Teig nach dem Grundrezept zubereiten.

2 Spinat vorschriftsmäßig auftauen lassen. Während der Teig quillt, die Füllung zubereiten. Die Zwiebel und die Knoblauchzehen schälen und fein hacken. 1 TL Rapsöl in einer beschichteten Pfanne erhitzen und Zwiebel und Knoblauch glasig dünsten. Den Spinat dazugeben, etwas Wasser angießen und unter Rühren einkochen lassen, bis keine Flüssigkeit mehr in der Pfanne ist. Mit Salz und Pfeffer abschmecken und den Parmesan unterrühren, bis er halb geschmolzen ist. Warm stellen.

3 Aus dem Teig nacheinander in einer kleinen Pfanne (ca. 20 cm Durchmesser) mit jeweils 1 TL Öl vier Pfannkuchen backen. Die Spinatfüllung auf den Pfannkuchen verteilen, aufrollen und sofort heiß servieren.

Tauschbörse

Statt des Parmesans können Sie auch 25 g **Pinienkerne** zum Spinat geben. Die Pinienkerne zuvor in einer beschichteten Pfanne ohne zusätzliches Fett goldgelb rösten: Das erhöht ihr Aroma. Wenn es mal etwas orientalisch sein soll, geben Sie noch 2 EL getrocknete **Berberitzen** (aus dem türkischen oder orientalischen Lebensmittelladen) oder **Rosinen** zum Spinat.

Kalorien-Spar-Wochenplan

Dieser Wochenplan hilft Ihnen, sich zu Anfang Ihrer Kalorien-Spar-Zeit zu orientieren. Wir haben 5 Mahlzeiten pro Tag ausgewählt, die Sie nach Lust und Laune kombinieren können. Achten Sie dabei auf die Anzahl der Kalorien pro Tag, denn die sollte etwa gleich bleiben und 1600 nicht übersteigen. Sie können auch eine Mahlzeit oder einen Snack weglassen – das kommt dann der Bilanz zugute. Und nicht vergessen: Viel trinken! Denn das macht satt und reinigt den Körper von innen.

Montag	***Genießen vom ersten Tag an***	1375 Kalorien	Rezept Seite
Frühstück	Bananenmüsli mit Grapefruit	300	52
Getränk	Milchkaffee (200 ml fettarme Milch)	95	
Snack	1/2 Paprikaschote + 125 ml Buttermilch	65	
Mittag	Gurkensalat mit Sprossen	300	61
Getränk	125 ml Tomatensaft	20	
Snack	1 Apfel (200 g)	105	
Abend	Putencurry mit Mango	400	109
Getränk	125 ml trockener Weißwein	90	

Dienstag	***Viel Obst und Gemüse***	1185 Kalorien	Rezept Seite
Frühstück	Honigmelone mit Rosinen und Amarettini	195	20
Getränk	Früchtetee	0	
Snack	3 Spalten Honigmelone (200 g)	110	
Mittag	Ratatouille	195	101
Getränk	250 ml Buttermilch	90	
Snack	Orangenquark mit Mango	200	23
Abend	Ofenkartoffel mit Roter Bete	395	112
Getränk	Mineralwasser	0	

Mittwoch	***Heute geht alles blitzschnell***	1355 Kalorien	Rezept Seite
Frühstück	Hüttenkäse mit Kiwi und Physalis	200	
Getränk	Kräutertee	0	
Snack	Ziegenfrischkäse pikant garniert	200	35
Mittag	Vollkornspaghetti mit Austernpilzen	300	85
Getränk	200 ml frisch gepresster Orangensaft	90	
Snack	1 kleine Banane	140	
Abend	Rinderfilet mit Zucchini und Paprikastreifen	400	107
Getränk	125 ml Tomatensaft	25	

Donnerstag	Tagsüber Leichtes, abends Fisch	1330 Kalorien	Rezept Seite
Frühstück	Mango-Joghurt mit Pinienkernen	295	53
Getränk	Milchkaffee (200 ml fettarme Milch)	95	
Snack	150 g Mangoschnitze	90	
Mittag	Fenchel-Orangen-Salat	295	56
Getränk	125 ml Tomatensaft	20	
Snack	1 Stängel Staudensellerie + 125 ml Möhrensaft	50	
Abend	Lachs mit Zuckerschoten und Paprika	395	103
Getränk	125 ml trockener Weißwein	90	

Freitag	Kaloriensspartag – bald ist Wochenende!	785 Kalorien	Rezept Seite
Frühstück	Feigen-Mandel-Müsli mit Orangen	200	23
Getränk	Kräutertee	0	
Snack	1 Birne + 125 ml Buttermilch	130	
Mittag	Harzer Salat	200	33
Getränk	125 ml Tomatensaft	20	
Snack	200 g Möhren- und Selleriesticks	40	
Abend	Frühlingsgemüsepfanne	195	43
Getränk	Mineralwasser	0	

Samstag	Das schmeckt auch den Gästen	1425 Kalorien	Rezept Seite
Frühstück	Schnitzelsandwich	300	55
Getränk	Tee nach Belieben	0	
Snack	125 g Weintrauben + 100 g Magerquark	175	
Mittag	Riesengarnelen mit Zuckerschoten	300	68
Getränk	250 ml Apfelschorle	70	
Snack	2 Stück Schinkenmuffins mit Kräutern	200	25
Abend	Hirschragout mit Möhren und Kartoffeln	300	75
Getränk	125 ml trockener Rotwein	85	
Nachtisch	Gekühlte Bananenzabaione	295	86

Sonntag	Mit einem schönen Frühstück beginnen	1560 Kalorien	Rezept Seite
Frühstück	Pilztoast mit Schnittlauchrührei	395	95
Getränk	Milchkaffee (200 ml fettarme Milch)	95	
Snack	50 g Roastbeef + 125 ml Tomatensaft	85	
Mittag	Zuckerschotensüppchen mit Krabben	200	36
Getränk	Mineralwasser	0	
Snack	Milchreis mit Mango	295	
Abend	Salbeischnitzel auf Möhrencreme mit Oliven	400	109
Getränk	125 ml trockener Weißwein	90	

Register Rezepte und Hauptzutaten

GU EINFACH CLEVER

Aktuelle Themen zu super Preisen

ISBN (10) 3-7742-6897-5
ISBN (13) 978-3-7742-6897-5

ISBN (10) 3-8338-0075-5
ISBN (13) 978-3-8338-0075-7

ISBN (10) 3-7742-5464-8
ISBN (13) 978-3-7742-5464-0

ISBN (10) 3-7742-6162-8
ISBN (13) 978-3-7742-6162-4

ISBN (10) 3-7742-6898-3
ISBN (13) 978-3-7742-6898-2

ISBN (10) 3-7742-6163-6
ISBN (13) 978-3-7742-6163-1

128 Seiten, 9,90 € [D]

Warum die Hardcoverreihe ist, wie sie heißt:

- *rund 100 Rezepte zum Minipreis*
- *Zutaten-Tauschbörsen und Blitz- und Luxusvarianten für flexibles Kochen*
- *viele bebilderte Info-Baukästen mit allem Wissenswerten rund ums Thema*

G|U

Willkommen im Leben.

Impressum

Die Autorin

Doris Muliar, gebürtige Salzburgerin, lebt und arbeitet schon lange in Köln. Nachdem sie als Journalistin und in der Filmbranche erfolgreich tätig war, machte sie aus ihrer Freude am Kochen und Gäste bewirten einen Beruf. Seitdem hat sie zahlreiche Bücher zu den Themen fettarme Ernährung, Gesundheit und Fitness geschrieben.

Die Fotografin

Margarete Janssen arbeitet als freie Fotografin für Werbung und Verlage. Spezialisiert auf Stillife-Fotografie, gehören Food-Aufnahmen zu einem ihrer Lieblingsthemen. Für dieses Buch setzte sie Kalorienarmes anmachend und höchst appetitlich in Szene.

Jutta Deutscher kam über Produkt- und Rezeptentwicklung in der Lebensmittelindustrie zum Foodstyling. Sie arbeitet heute als vielbeschäftigte Foodstylistin in der Werbung und für Kochbücher. Hier zeigt Sie, dass auch wenig Kalorien viel fürs Auge bieten können.

Vielen Dank

Ein herzliches Dankeschön geht an die Firmen **Arzberg, Dibbern, Rob. Herder Mühlenmesser, Iittala, C. Hugo Pott.** Und in Düsseldorf an die Firmen **Cucinaria, Habitat, Heubel** und **Lambert,** aus deren Programm sich unsere Fotografin bedienen durfte.

Bildnachweis:
Coverfoto: Studio L'EVEQUE Tanja & Harry Bischof, München

Programmleitung: Doris Birk

Leitende Redakteurin:
Birgit Rademacker

Redaktion: Tanja Dusy

Lektorat: Susanne Klug

Korrektorat: Mischa Gallé

Layout »Einfach clever«, Typographie und Umschlaggestaltung: Thomas Jankovic, GF von engels verlagsbüro in München, Gestalter erfolgreicher Buchserien mit besonderem Gusto auf alles, was Genießern Spaß macht – wie dieses Kalorien-Sparbuch.

Satz: Knipping Werbung GmbH, Berg/Starnberg

Herstellung: Petra Roth

Reproduktion:
Penta Repro, München

Druck und Bindung:
Printer, Trento

GRÄFE UND UNZER

Ein Unternehmen der
GANSKE VERLAGSGRUPPE

DAS ORIGINAL · GU · MIT GARANTIE

Das Original mit Garantie

IHRE MEINUNG IST UNS WICHTIG. Deshalb möchten wir Ihre Kritik, gerne aber auch Ihr Lob erfahren, um als führender Ratgeberverlag für Sie noch besser zu werden. Darum: Schreiben Sie uns! Wir freuen uns auf Ihre Post und wünschen Ihnen viel Spaß mit Ihrem GU-Ratgeber.

UNSERE GARANTIE: Sollte ein GU-Ratgeber einmal einen Fehler enthalten, schicken Sie uns bitte das Buch mit einem kleinen Hinweis und der Quittung innerhalb von sechs Monaten nach dem Kauf zurück. Wir tauschen Ihnen den GU-Ratgeber gegen einen anderen zum gleichen oder einem ähnlichen Thema um.

Ihr GRÄFE UND UNZER VERLAG
Redaktion Kochen & Verwöhnen
Postfach 86 03 25
81630 München
Fax: 089/41981-113
e-mail: leserservice@graefe-und-unzer.de

ISBN (10) 3-8338-0076-3
ISBN (13) 978-3-8338-0076-4

Auflage	5.	4.	3.	2.	1.
Jahr	2010	09	08	07	06